외국인을 위한
한국 현대문학의 이해

외국인을 위한
한국 현대문학의 이해

1판 1쇄 발행　2025년 8월 20일

지 은 이 | 간호배
펴 낸 이 | 김진수
펴 낸 곳 | 한국문화사
등　　록 | 제1994-9호
주　　소 | 서울시 성동구 아차산로49, 404호(성수동1가, 서울숲코오롱디지털타워3차)
전　　화 | 02-464-7708
팩　　스 | 02-499-0846
이 메 일 | hkm7708@daum.net
홈페이지 | http://hph.co.kr

ISBN　979-11-6919-338-2　93810

· 이 책의 내용은 저작권법에 따라 보호받고 있습니다.
· 잘못된 책은 구매처에서 바꾸어 드립니다.
· 책값은 뒤표지에 있습니다.

오류를 발견하셨다면 이메일이나 홈페이지를 통해 제보해주세요.
소중한 의견을 모아 더 좋은 책을 만들겠습니다.

외국인을 위한
한국 현대문학의 이해

간호배 지음

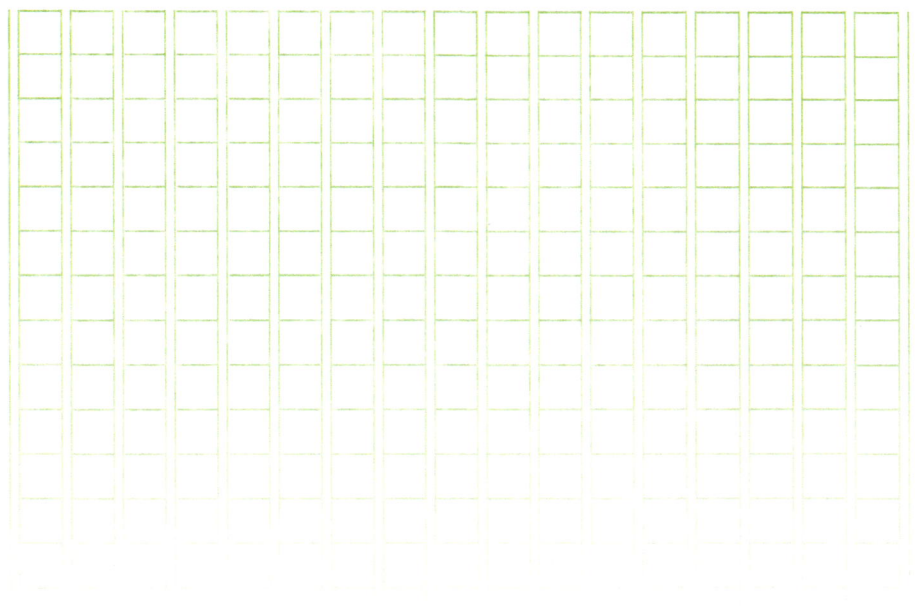

한국문화사

목차

머리말 06

1 ■ 문학의 이해

1 문학의 본질 10
2 한국 현대 문학의 흐름 12

2 ■ 한국 현대 시

1 김소월・진달래꽃 20
2 정지용・향수 24
3 김영랑・모란이 피기까지는 30
4 조지훈・승무 34
5 박목월・나그네 38
6 김춘수・꽃 42
7 김수영・풀 46

3 ■ 한국 현대 소설

1 김동인 • 감자 52
2 김유정 • 동백꽃 66
3 이효석 • 메밀꽃 필 무렵 80
4 염상섭 • 두 파산 92
5 황순원 • 소나기 102
6 김승옥 • 무진기행 120

4 ■ 한국 현대 수필

1 이양하 • 신록예찬 136
2 유안진 • 지란지교를 꿈꾸며 142
3 피천득 • 인연 148
4 이은희 • 무 154

머리말

21세기 접어들면서 한국 문화(K-Culture)는 다양한 분야에서 세계 문화의 중심이 되었으며, 2024년 한강의 "채식주의자"가 노벨문학상을 수상함으로써 한국문학이 전세계의 주목을 받게 되었다.

한국 현대문학은 20세기 초 일제 강점기를 거쳐, 해방과 전쟁, 산업화, 민주화 등 사회, 문화의 변화 속에서 발전해왔다. 이러한 역사적 맥락 속에서 시, 소설, 수필 등 다양한 장르의 작품들이 한국인의 삶과 정신을 깊이 있게 그려내고 있다.

이 책은 한국의 대표적인 현대시, 현대소설, 현대수필을 살펴보고 이를 통해 외국인들이 한국 현대 문학의 흐름과 특징, 한국인의 문화와 정서를 이해할 수 있도록 구성하였다. 그리고 한국 문학 작품과 자국의 문학 작품을 비교문학적 관점에서 살펴봄으로써, 한국 문학은 물론 자국의 문학을 좀 더 폭 넓게 이해할 수 있는 계기가 될 것이다. 또한 '작가'에 대한 설명과 '어휘풀이'를 통하여 작품의 이해를 돕고, '생각해 보기'에서는 독자로서 작품에 대한 상상력과 성찰을 통해 자신의 생각을 정리할 수 있도록 하였다.

  이 책은 총 4부로 나누어 구성하였다.
  1장에서는 한국문학의 총론인 문학의 이해로써 문학의 본질, 한국 현대문학의 흐름을 다루었다. 2장에서는 한국의 대표적인 현대시를 다루고, 3장에서는 한국의 대표 현대소설을 다루었다. 그리고 4장에서는 대표적인 현대수필로 구성하였다.
  1920년대부터 1970년대까지 시대적 흐름에 따른 문학적 경향과 중요한 시와 소설, 수필 작품을 소개하였다.
  이 책이 한국의 현대문학을 공부하고자 하는 외국학생들에게 많은 도움이 되기 바란다.

2025년 8월
간호배

1
문학의 이해

문학의 본질
한국 현대 문학의 흐름

1 문학의 이해

1. 문학의 본질

요즘은 문화컨텐츠의 하나인 스토리텔링으로 도시나 각 지방의 문화가 재탄생하고 시나 소설이 영화나 연극으로 각색되기도 한다. 길을 나서면 지하철역이나 버스 안, 심지어 산 중턱에서도 심심찮게 시를 만나고, 디카시가 새로운 반향을 일으키고 있다. 이렇듯 문학은 우리의 삶과 가장 밀접하게 연관되어 있고 늘 곁에 있으면서도 대부분 멀리 있다고 생각한다. 그것은 문학을 학교에서만 배우는 학문의 한 분야로, 특별한 사람들만이 배우고 즐기는 것으로 생각하기 때문이다.

영화 〈일 포스티노〉를 보면 주인공 마리오를 통해서 문학이 우리의 삶에 얼마나 중요한 영향을 미치는지 잘 보여주고 있다. 이탈리아 작은 어촌 마을에 사는 마리오는 간신히 글을 읽고 쓰는 정도로 학교를 거의 다니지 못했다. 어촌에서 고기잡이를 하며, 고단한 삶과 가난 속에서 홀아버지를 모시고 사는 마리오에겐 희망도 없고 세상은 그저 어둡고 칙칙할 뿐이다. 같은 또래의 청년들은 아메리칸 드림을 꿈꾸며 미국으로 떠났지만 마리오에겐 부양해야할 아버지가 있어 고향을 떠나지 못하고 있다. 그런 마리오의 삶에 큰 전환점이 된 것은 칠레의 유명한 시인 파블로 네루다를 만나게 되면서부터이다. 파블로 네루다는 마리오가 사는 작은 섬으로 망명을 오게 되고, 마리오는 네루다에게 우편물을 배달하는 우편배달부 일을 하면서 둘은 가까운 사이가 된다. 마리오는 네루다를 통해 은유(시)를 알게 되고, 은유를 알게 되면서 점차 주변의 모든 것들이 아름답게 보이기 시작한다. 그러면서 사랑하는 연인 베아트리체와 결혼도 하고 세상에 대해서 자신의 생각을 표현할 수 있게 된다. 더 중요한 것은 자신이 삶의 주체가 되어 좀 더 나은 삶을, 가치로운 삶을 만들어 갈 수 있게 된다는 것이다. 이는 마리오에게만 해당되는 것이 아니라 누구나 정도의 차이는 있겠지만 문학을 통하여 깊이 성찰하고 경험하여 삶의 폭을 확장시키고 변화시킬 수 있다.

청소년기의 학생들은 연인끼리 또는 친구끼리 서로 시 한 편씩 주고 받은 경험이 있을 것이다. 그리고 한 편의 시가 기쁨과 행복을 전달해 주고, 힘들고 고단할 때 용기를 준다는 것도 한 번쯤은 느꼈을 것이다. 이것이 문학과 우리의 삶과의 관계이다.

문학이 주는 진정한 즐거움은 단순한 쾌락의 차원이 아니라, 카타르시스를 동반한 미를 구현할 때 의미 있는 것이다. 단순한 쾌락은 우리가 책을 덮는 순간 배설해 버리지만, 미적 정서를 통한 즐거움은 오래도록 가슴에 남아 우리들의 삶에 영향을 미치게 된다.

'위대한 작품은 우리를 가르치지 않고 변화시킬 뿐이다'라는 괴테의 말처럼 깊은 공감력에 의해서 읽는 이를 감동하게 하고 움직이게 하는 것이야말로 문학이 지향하는 바이다.

그러나 21세기 들어 볼거리 등이 다양화 되면서 현대인들은 대부분 즐겁고 재미있는 일이 아니면 하지 않으려고 한다. 유튜브, SNS, 스마트폰에 이르기까지 방대한 정보와 볼거리들이 끊임없이 넘쳐나고 있기 때문에 재미없는 책은 이미 뒤로 밀려난 지 오래다. 긴 글은 읽지도 않고 쓰지도 않으려 한다. 카카오톡이나 메신저로 빠르고 간단하게 대화하기 때문에 손편지로 설레는 마음을 주고받는 것은 이미 옛문화가 되었다. 그래서 요즘 학생들을 보면 조금씩 조급증 환자가 돼 가고 있는 것 같다. 기다리지 못하고, 참지 못하고, 깊이 생각하지 못하고, 뒤돌아보지 못하고, 늘 무언가 불안하다. 진정한 사유가 있어야 삶의 지혜가 생겨나지 않을까?

서권기 문자향(書卷氣 文字香)이라는 말이 있다. 책을 많이 읽고 교양을 쌓으면 몸에서 책의 기운이 풍기고 문자의 향기가 난다는 뜻이다. 이런 경지에 오르기가 쉽지는 않지만 양서를 읽음으로써 올바른 가치관을 갖게 하고 훌륭한 품격과 맑고 깨끗한 인성의 소유자가 될 수 있다. 이것이 문학이 가지고 있는 진정한 가치요, 본질인 것이다.

2 한국 현대 문학의 흐름

1. 1920년대 문학적 특성

① 동인지 문단 형성

　가. 『창조』: 1919년 창간. 동인으로는 김동인, 주요한, 전영택, 김억, 이광수 등이 활동한 우리나라 최초의 순문예 동인지라 할 수 있다. 대부분 사실주의적 경향을 띠고 있다.

　나. 『폐허』: 1920년 창간. 동인으로는 김억, 남궁벽, 염상섭, 오상순, 황석우 등이 활동하였다. 작품은 대부분 세기말적 퇴폐주의적 성격을 띠고 있다.

　다. 『장미촌』: 1921년 창간. 한국 최초의 시전문지로서 동인으로는 변영로, 노자영, 박종화, 박영희 등이 있다. 작품은 대부분 낭만주의적 성격을 띠고 있다.

　라. 『백조』: 1922년 창간. 동인으로는 홍사용, 박종화, 박영희, 나도향, 이상화, 이광수, 현진건 등이 있다. 작품은 대부분 낭만주의적 성격을 띠고 있다.

② 프로문학의 대두

　　신경향파 문학과 프로문학 : 신경향파 문학은 1923년 자연발생적인 빈궁문학이고 프로문학은 1925년에 염군사(1922)와 파스큘라(1923)를 중심으로 한 조직적 혁명이념의 무산계급 문학이라 할 수 있다.

　　박영희, 김기진을 중심으로 1925년에 조직된 카프(KAPF-Korea Artist Proletariat Fedral)는 철저한 계급적 자각과 조직활동의 강화로 문학을 하나의 정치적 도구로 삼았다.

신경향파 소설로는 최서해의 〈탈출기〉·〈홍염〉, 박영희의 〈사냥개〉 등이 있다. 프로문학으로는 김기진의 〈붉은쥐〉, 이기영의 〈서화〉·〈고향〉 등이 있으며 시로는 임화의 〈우리오빠와 화로〉·〈네거리의 순이〉·〈우산 받은 요꼬하마의 부두〉, 권환의 〈무산자〉·〈가려거든 가거라〉·〈머리를 땅까지 숙일 때〉, 김창술의 〈전개〉·〈진전〉·〈도시의 얼골〉 등이 있다.

③ **국민문학 운동**

국민문학 운동은 1926년 최남선, 이광수, 김동인, 염상섭, 오상순, 나도향, 김소월, 황석우, 김안서, 주요한, 박종화 등이 계급문학(프로문학)에 맞서 시조 부흥 운동, 민요시 운동 등 민족의 전통적 문학 형식을 재현하고자 하는 문학적 경향을 말한다.

고전시조 부흥에 앞장 선 최남선, 현대시로의 맥을 이어준 이병기, 시조의 현대화를 이룬 이은상, 시조 형식에 대한 이론을 내세운 이광수 등의 활동이 대표적이다.

2. 1930년대 문학적 특성

① 『시문학파』 활동

1930년대는 한국의 근대문학적 성격이 현대문학적 성격으로 변모해 가는 과정이라고 할 수 있다. 동인지 문단은 습작문단이라고 할 수 있는데, 점차 소비층이 생기고 규모가 확대되면서 사회적문단 시대로 나아가는 시기다. 그리고 카프의 해산으로 순수문학에 대한 열망이 『시문학파』가 형성되는 계기를 마련하였다.

시문학파는 1930년 박용철, 김영랑, 정지용, 이하윤, 정인보, 변영로 등의 순수시를 지향하는 문인들이 언어에 대한 재인식으로 시의 언어 미학을 강조하였다. 따라서 기교주의적이라는 부정적인 평가를 받기도 하지만, 문학의 본질을 회복하고 언어를 통한 문학적 가치를 구현시켰다는 평가를 받고 있다

    김영랑의 〈동백잎에 빛나는 마음〉, 정지용의 〈이른 아침〉·〈경도압천 京都鴨川〉, 박용철의 〈떠나가는 배〉, 신석정의 〈너는 비둘기를 부러워하더구나〉·〈산으로 가는 마음〉 등이 있다.

② **모더니즘**

    『시문학파』의 기교주의적 태도를 비판한 모더니즘은 기존의 관념이나 현실에 대한 부정의식에서 출발하였다.

    1930년대 한국의 모더니즘은 대체로 세 가지 계열로 나누어 살펴볼 수 있다. 첫째는 20세기 문학의 지성적 흐름을 이끌어 온 김기림, 최재서 등의 주지주의 계열이고 둘째는, 정지용, 김광균, 김종한 등의 이미지즘 계열이고 셋째는 이상, 『삼사문학』 동인들의 초현실주의 계열이다. 따라서 모더니즘 문학의 특성은 시의 음악성 보다는 회화성을 중시하고, 도시문명을 나타내는 언어를 사용하고 현대문명의 모습을 이미지로 표현하였다. 그리고 기존의 관념이나 이념을 부정한 초현실주의는 지성보다는 정신의 자유를 추구하였다. 자동기술법, 데뻬이즈망, 데포르마시용 등의 기법으로 기존의 언어 구조나 의미 구조를 파괴하고 무의식의 세계를 표출하였다.

③ **1930년대 소설**

    • 농촌·농민소설 : 지식인 주인공이 무식한 농민을 계몽하는 내용으로 이광수의 〈흙〉, 심훈의 〈상록수〉 등이 있고, 지식인 주인공이 직접 농촌에 내려가 농민으로 생활하는 이무영의 〈흙의 노예〉·〈제1과 제1장〉 등이 있다. 농촌의 자연을 아름답고 소박하게 그린 김유정의 〈봄봄〉·〈동백꽃〉 등이 있다.

- 풍자소설 : 작가는 우회적으로 현실을 공격하고 식민지 현실의 왜곡된 모습을 풍자하는 채만식의 〈탁류〉·〈태평천하〉 등이 있다.
- 세태소설 : 리얼리즘적 성격의 소설로서 소시민의 생활을 풍속화적 수법으로 묘사한 박태원의 〈천변풍경〉·〈소설가 구보씨의 일일〉 등이 있다.
- 순수문학 : 토속적이며 샤머니즘 세계에 천착한 김동리는 인생의 근원적 본질 추구를 통한 인간성 옹호와 운명의 문제를 폭넓게 형상화하고 있다. 작품으로는 〈황토기〉·〈무녀도〉·〈사반의 십자가〉·〈등신불〉 등이 있다.

3. 1940년대 문학적 특성

① 『청록파』·『생명파』

『청록파』는 1930년대 말 『문장』지에 정지용의 추천을 받아 등단한 박두진·박목월·조지훈 3명의 시인을 가리키는 말이다.

1946년 간행된 『청록집』에는 박목월의 시 〈임〉·〈청노루〉·〈나그네〉 등 15편, 조지훈의 시 〈승무〉·〈완화삼 玩花衫〉 등 12편, 박두진의 시 〈묘지송 墓地頌〉·〈도봉〉 등 12편으로 모두 39편이 실려 있다. 『문장』지에 추천한 작품들이 대부분이며 자연을 소재로 한 전통 서정시이다.

『생명파』는 1936년에 창간된 시동인지 『시인부락』과 1937년에 창간된 시동인지 『생리 生理』를 중심으로 서정주, 오장환, 정지용, 김영랑, 유치환 등이 참여했다. 인간생명의 탐구라는 측면에서 인생파라고도 한다. 대표적인 작품으로는 서정주의 〈문둥이〉·〈화사 花蛇〉, 오장환의 〈정문 旌門〉 등이 있다.

② 해방공간의 소설

해방공간의 소설은 1945년 8월 15일 해방 전후의 소설을 말한다. 이 시기는 좌, 우익으로 나누어진 이념의 분리와 해방된 조국을 사실적으로 묘사한 소설들이 대부분이다. 당시의 혼란스런 사회 현실 속에서 변해 가는 인간 군상들을 풍자적으로 그리는 작품들과 귀향의식을 다룬 작품들이 있다.

주요작품으로는 채만식의 〈논 이야기〉·〈맹순사〉, 염상섭의 〈삼팔선〉, 김동리의 〈혈거부족〉, 정비석의 〈귀향〉, 엄흥섭의 〈귀향일지〉 등이 있다.

그리고 현실비판적인 소설 외에 순수문학을 지향하는 작품들도 있다. 주요 작품으로는 김동리의 〈역마〉·〈달〉, 염상섭의 〈두 파산〉, 황순원의 〈독짓는 늙은이〉·〈기러기〉 등이 있다.

4. 1950년대 문학적 특성

① 전후문학의 유형과 특성

식민지 문학에 이어 해방기의 혼란이 가시기도 전에 6.25 전쟁으로 인한 인간 실존에 대한 문제의식은 한국문단에 적지 않은 여파를 가져온다.

전후문학은 전통적인 순수서정, 민족적 비극의 형상화 등이 주요 내용이다. 전통적인 순수서정은 『청록파』, 『생명파』를 중심으로 기성 문인들의 전통적인 서정시가 전쟁이라는 극한 현실에 직면했음에도 자신들의 서정의 세계를 유지하는 경우이다. 시작품으로는 서정주의 〈무등을 보며〉·〈학〉·〈추천사〉, 박두진의 〈별을 지고〉·〈어느 구릉에서〉, 박목월의 『산도화』·『난·기타』 등이 있고, 소설로는 황순원의 〈소나기〉, 오영수의 〈갯마을〉 등이 있다.

민족적 비극의 형상화는 전쟁의 극한 상황 속에서 실존적 사투가 최우선인 시기로, 종군체험을 소재로 한 전쟁 상황시들이다. 작품집으로는 조영암의 『屍山을 넘고 血海를 건너』, 유치환의 『보병과 더불어』, 조지훈의 『역사 앞에서』, 구상의 『초토의 시』[1] 등이 있다.

---

[1] 졸 고, 『한국 모더니즘 시의 미학성』, 2010, pp. 77-87 참조.

② 『후반기』 동인

1950년대 후기 모더니즘은 『후반기』 동인들에 의해 형상화되고 있다.

『후반기』 동인들의 모더니즘은 두 가지로 살펴볼 수 있다. 첫째, 전쟁으로 인한 허무주의적 의식과 존재에 대한 회의, 도시문명과 근대화에 따른 자아와 세계와의 단절, 타자에 대한 불안의식 등으로 인하여 불연속적 세계관이 나타난다. 시작품으로는 박인환의 〈지하실〉, 김경린의 〈화장한 연대를 위하여〉, 김차영의 〈내일의 오늘〉, 김원태의 〈화려한 암실〉 등이다.

둘째, 언어문제인 수사학적 측면에서 언어유희를 통한 기존의 의미 해체, 절연으로 인한 새로운 의미의 창출[2] 등으로 새로운 언어관을 보여준다. 시작품으로는 김수영의 〈공자의 생활난〉, 김차영의 〈인간무료〉, 조향의 〈바다의 층계〉·〈투명한 오후〉, 김규동의 〈밤의 계제에서〉, 이활의 〈이마쥬의 영사기가 고장날 때마다〉 등이 있다.

5. 1960-70년대 문학적 특성

① 참여문학과 순수문학

참여문학은 1960년 4·19 혁명으로 인해 거센 물결을 몰아 왔다. 민중의 힘으로 독재를 무너뜨린 세력은 문학에 있어서도 현실참여와 비판의 기치를 높이 들게 하였다. 이 경향은 이후 민중시, 통일시 등으로 이어져 시의 현실적 효용과 사회적 책임에 대하여 목소리를 높였다[3]. 작품으로는 김수영의 〈사령 死靈〉·〈그 방법을 생각하며〉·〈어느 날 고궁을 나오면서〉, 신동엽의 〈누가 하늘을 보았다 하는가〉·〈껍데기는 가라〉, 김지하의 〈타는 목마름으로〉 등이 있다.

---

2 위의 책, p.49.
3 조창환, 『한국현대시인론』, 한국문화사, 2005, p.37.

순수문학은 참여문학과 대응하는 것으로써 어떠한 경우라도 문학의 본모습을 잃지 말아야 한다는 것이다. 서정주의 〈자화상〉·〈화사〉·〈푸르른날〉, 박재삼이 〈사람이 사는 길 밑에〉·〈울음이 타는 강〉·〈사랑의 노래〉, 김춘수의 〈꽃〉·〈꽃을 위한 서시〉·〈처용단장〉 등은 한국 전통적인 서정시의 맥을 이어 온 작품이다.

② **산업화로 인한 인간소외**

    1960~70년대는 정치적으로는 유신정권과 민주주의와의 충돌로 인한 혼란과, 경제적으로는 급격한 산업화와 도시화로 인한 소통의 단절과 인간 소외현상이 나타나고 있는 시기이다. 그리고 전쟁으로 인한 남·북 이데올로기의 대립도 심각하게 대두되고 있는 실정이다. 작품으로는 최인훈의 〈광장〉, 조세희의 〈난쟁이가 쏘아올린 작은 공〉, 황석영의 〈삼포 가는 길〉, 김승옥의 〈무진기행〉, 이청준의 〈눈길〉 등이 있다.

2 한국 현대시

김소월　진달래꽃
정지용　향수
김영랑　모란이 피기까지는
조지훈　승무
박목월　나그네
김춘수　꽃
김수영　풀

1 김소월

진달래 꽃

김소월 (1902~1934). 시인.

본관은 공주. 본명은 정식(廷湜).

작품 발표 연도	시 〈진달래꽃〉은 시집『진달래꽃』(1925)에 수록
대표 작품	〈예전엔 미처 몰랐어요〉, 〈산유화〉, 〈엄마야 누나야〉, 〈접동새〉, 〈진달래꽃〉, 〈초혼〉, 〈먼후일〉
대표 시집	『진달래꽃』(1925)
작품 경향	전통적인 한(恨)의 정서를 여성 화자를 통해 보여주었고, 향토적 소재와 설화적 내용을 민요적 기법으로 노래하였다.

나 보기가 역겨워

가실때에는

말없이 고이 보내드리우리다.

영변(寧邊)에 약산(藥山)

진달래꽃

아름따다 가실 길에 뿌리우리다.

가시는 걸음걸음

놓인 그 꽃을

사뿐히 즈려밟고 가시옵소서

나 보기가 역겨워

가실 때에는

죽어도 아니 눈물 흘리우리다.

> **어휘풀이**
> - **역겨워** 역정이 날 만큼 지겨워
> - **고이** 보기에 산뜻하고 아름답게
> - **아름** 두 팔을 벌려서 껴안을 정도의 양
> - **따다** 따다가
> - **사뿐히** 사쁜->가볍과 예쁜 모습
> - **즈려밟고** 살짝 눌러 밟고

김소월 ___ 진달래꽃

생각하기

1 이 시의 주제는 무엇일까요?

_____
_____
_____

2 이 시의 마지막 행 '죽어도 아니 눈물 흘리우리다.'에서 느껴지는 감정은 어떤가요?

_____
_____
_____

3 이 시 3연을 그림으로 그려 보세요.

한국 현대 시

4 자국의 시 중에서 이별과 사랑에 대한 시를 찾아보세요.

2 정지용

향수

정지용(1902~1950 납북). 시인.

작품 발표 연도	시 〈향수〉는 『조선지광』(1927.3) 65호에 발표. 제1시집 『정지용시집』(1935)에 수록
대표 작품	〈카페 프란스〉, 〈향수〉, 〈유리창 1.2〉, 〈고향〉, 〈장수산〉, 〈백록담〉, 〈구성동〉
대표 시집	『정지용시집』(1935), 『백록담』(1941)
작품 경향	초기에 모더니즘 운동에 적극 동참해 이미지즘 계열의 시들로 주목받는다. 특히 향토적인 정서와 도시감각을 조화와 절제된 시어로 탁월하게 묘사하였다.

넓은 벌 동쪽 끝으로
옛이야기 지줄대는 실개천이 휘돌아나가고,
얼룩백이 황소가
해설피 금빛 게으른 울음을 우는 곳,

― 그곳이 차마 꿈엔들 잊힐리야!

질화로에 재가 식어지면
비인 밭에 밤바람소리 말을 달리고,
엷은 졸음에 겨운 늙으신 아버지가
짚베개를 돋아 고이시는 곳,

― 그곳이 차마 꿈엔들 잊힐리야!

흙에서 자란 내 마음
파아란 하늘빛이 그리워
함부로 쏜 화살을 찾으러
풀섶 이슬에 함추름 휘적시던 곳,

― 그곳이 차마 꿈엔들 잊힐리야!

정지용 ___ 향수

전설바다에 춤추는 밤물결 같은
검은 귀밑머리 날리는 어린 누이와
아무렇지도 않고 예쁠 것도 없는
사철 발 벗은 아내가
따가운 햇살을 등에 지고 이삭 줍던 곳,

― 그곳이 차마 꿈엔들 잊힐리야!

하늘에는 성근별
알 수도 없는 모래성으로 발을 옮기고,
서리 까마귀 우지짖고 지나가는 초라한 지붕,
흐릿한 불빛에 돌아앉아 도란도란 거리는 곳,

― 그곳이 차마 꿈엔들 잊힐리야!

어휘풀이

- **향수**   사물이나 추억에 대한 그리움
- **벌**   넓고 평평하게 생긴 땅
- **지줄대는**   '주절대다', '지즐대다'의 방언.
  무어라고 잇따라 중얼중얼하는. 작은 목소리로 잇따라 지껄여대는.
- **실개천**   작은 개천
- **해설피**   해가 기울 무렵. 해질머리.
- **질화로**   진흙으로 구워 숯불을 담아둘 수 있도록 만든 그릇
- **겨운**   정도나 양이 지나쳐 배겨 내기 어려움
- **짚베개**   짚으로 만든 베개
- **함추름**   곱게 함뿍. 흠뻑
- **전설**   오래전부터 전하여 내려오는 말이나 이야기
- **귀밑머리**   뺨에서 귀의 가까이에 난 머리털
- **사철**   봄, 여름, 가을, 겨울
- **이삭**   벼, 보리 따위의 곡식에서 꽃이 피고 열매가 달리는 부분
- **성근별**   드문드문 있는 별
- **서리**   맑고 바람 없는 밤에 기온이 영하로 내려갈 때, 공기 중에 있는 수증기가 지면이나 땅 위의 물체 표면에 닿아서 잔얼음으로 부옇게 엉긴 것.

생각하기

1 이 시의 주제는 무엇일까요?

_____
_____
_____

2 1연의 풍경을 그림으로 그려 보세요.

3 시인이 생각하는 고향은 어떤 곳일까요?

_____
_____
_____
_____

4 나의 고향을 시로 표현해 보세요.

3 김영랑

모란이 피기까지는

김영랑(1903-1950). 시인. 본명 김윤식.
1930년 『시문학』 창간호에 13편의 시를 발표하며 시단에 등장.

작품 발표 연도	시 〈모란이 피기까지는〉은 『문학』 1934년에 발표
대표 작품	〈동백잎에 빛나는 마음〉, 〈언덕에 바로 누워〉, 〈내 마음 아실 이〉, 〈모란이 피기까지는〉
대표 시집	『영랑시선』, 『현대시집』, 『모란이 피기까지』, 『찬란한 슬픔』
작품 경향	맑고 깨끗한 자연을 새로운 시각으로 바라보고 그것을 아름다운 언어와 절묘한 기법으로 표현한 한국의 대표적인 순수서정시인이다. 그의 시에 자주 등장하는 슬픔, 기다림, 눈물 등의 시어는 영탄이나 감상에 머물지 않고 민요적 율조로 극복하고 있다.

[원문]

모란이 피기까지는
나는 아즉 나의 봄을 기둘리고 잇슬테요

모란이 뚝뚝 떠러져 버린 날
나는 비로소 봄을 여흰 서름에 잠길테요

五月 어느날 그 하로 무덥든 날
떠러져 누운 꼿닢마져 시드러버리고는

천지에 모란은 자최도 업서지고
뻐처오르든 내 보람 서운케 믄허졌느니
모란이 지고 말면 그뿐

내 한해는 다 가고 말아
三百예순날 하냥 섭섭해 우옵네다

모란이 피기까지는
나는 아즉 기둘리고 잇슬테요
찬란한 슬픔의 봄을

[현대어]

모란이 피기까지는
나는 아직 나의 봄을 기다리고 있을테요

모란이 뚝뚝 떨어져 버린 날
나는 비로소 봄을 여읜 설움에 잠길테요

五月 어느날 그 하루 무덥던 날
떨어져 누운 꽃잎마저 시들어 버리고는

천지에 모란은 자취도 없어지고
뻗쳐오르던 내 보람 서운케 무너졌느니
모란이 지고 말면 그뿐

내 한해는 다 가고 말아
三百예순날 하냥 섭섭해 우옵네다

모란이 피기까지는
나는 아직 기다리고 있을테요
찬란한 슬픔의 봄을

어휘풀이

- **여읜** 일찍 사별(死別)하는 일과 같이 봄이 지나간 것
- **하냥** 마냥

생각하기

1 이 시의 주제는 무엇일까요?

2 모란은 무엇을 의미할까요?

3 '찬란한 슬픔의 봄'에서 봄을 슬프다고 표현한 까닭은 무엇일까요?

4 조지훈

승무

조지훈(1920-1968). 시인.
본명은 조동탁(趙東卓).
1939년 『문장』지에 〈고풍의상〉과 〈승무〉를 추천받아 문단에 등장. 박목월, 박두진과 함께 청록파 시인으로서 1946년 『청록집』을 간행하였다.

작품 발표 연도	시 〈승무〉는 『문장』(1939)에 발표.
대표 작품	〈고풍의상〉, 〈승무〉, 〈봉황수〉, 〈파초우〉, 〈풀잎단장〉, 〈역사앞에서〉, 〈다부원에서〉, 〈산중문답〉
대표 시집	『청록집』, 『풀잎단장』, 『조지훈시선』, 『역사앞에서』
작품 경향	주로 서정적이며, 현실인식과 역사의식을 담고 있다.

얇은 사(紗) 하이얀 고깔은
고이 접어서 나빌레라

파르라니 깎은 머리
박사(薄紗) 고깔에 감춰오고

두 볼에 흐르는 빛이
정작으로 고와서 서러워라

빈 대(臺)에 황촉(黃燭) 불이 말없이 녹는 밤에
오동잎 잎새마다 달이 지는데

소매는 길어서 하늘은 넓고
돌아설 듯 날아가며 사뿐히 접어올린 외씨보선이여

까만 눈동자 살포시 들어
먼 하늘 한 개 별빛에 모도오고

복사꽃 고운 뺨에 아롱질듯 두 방울이야
세사에 시달려도 번뇌는 별빛이라

휘어져 감기우고 다시 접어 뻗은 손이
깊은 마음속 거룩한 합장인 양하고

이 밤사 귀또리도 지새는 삼경인데
얇은 사 하이얀 고깔은 고이 접어서 나빌레라

> **어휘풀이**
>
> - **사(紗)** 비단
> - **나빌레라** 나비같다
> - **파르라니** 파란 빛이 돌 정도로 색깔이 푸릇푸릇한 모습
> - **박사** 얇은 비단
> - **고깔** 중이나 무당, 풍물패 등이 머리에 쓰는, 끝이 뾰족하고 세모지게 만든 모자
> - **황촉불** 촛물이 녹아 떨어지는 모습
> - **외씨보선** 볼이 조붓하고 갸름하여 신으면 맵씨가 나는 버선
> - **모도우고** '모으고'의 시적 강세 표현
> - **세사** 세상살이
> - **합장** 두 팔을 가슴께로 올려 두 손바닥과 열 손가락을 마주 합침
> - **지새는** 고스란히 밤을 새우는
> - **삼경** 하룻밤을 다섯으로 나눈 셋째의 시각. 밤 열 한 시부터 새벽 한 시까지의 사이

생각하기

1 이 시의 주제는 무엇일까요?

2 이 시에서 승려와 관계있는 시어를 찾아보세요.

3 이 시의 춤(승무)에서 느껴지는 심정은 어떤가요?

4 이 시 3연을 그림으로 그려 보세요.

조지훈 ___ 승무

5 박목월

나그네

박목월(1915-1978). 시인.

본명은 박영종(朴泳鍾).

작품 발표 연도	시 〈나그네〉는 시집 『청록집』(1946)에 수록
대표 작품	〈윤사월〉, 〈청노루〉, 〈산이 날 에워싸고〉, 〈산도화〉, 〈임에게〉, 〈가정〉, 〈하관〉
대표 시집	『청록집』(1946), 『산도화』(1957), 『난 · 기타』(1959), 『청담』(1964)
작품 경향	조지훈, 박두진과 함께 청록파 시인으로서 토속적이고 서정적인 이미지로 여백의 미를 느낄 수 있다.

강(江)나루 건너서
밀밭 길을

구름에 달 가듯이
가는 나그네

길은 외줄기
남도(南道) 삼백리(三百里)

술 익는 마을마다
타는 저녁놀

구름에 달 가듯이
가는 나그네

어휘풀이

- **강나루** 강에서 배가 건너다니는 일정한 곳
- **나그네** 자기가 사는 곳을 떠나 다른 곳에 임시로 머무르고 있거나 여행 중에 있는 사람
- **외줄기** 단 하나의 가닥으로 된 줄기
- **남도** 남쪽 지방에 있는 도시
- **저녁놀** 해질녘에 서쪽 하늘이 붉은색으로 물드는 현상

생각하기

1 이 시의 주제는 무엇일까요?

2 "구름에 달 가듯이 / 가는 나그네"에서 '나그네'의 태도에 대해서 말해 보세요.

3 4연 '술 익는 마을마다 / 타는 저녁놀'을 그림으로 그려 보세요.

4 시 '나그네'와 주제가 비슷한 자국의 시를 한 편 찾아 써 보세요.

6 김춘수

꽃

김춘수(1922~2004). 시인.
『1946년 해방 1주년 기념 사화집』에 〈애가〉를 발표하면서 등장.

작품 발표 연도	시 〈꽃〉은 『시와 시론』(1952)에 발표.
대표 작품	〈꽃〉, 〈꽃을 위한 서시〉, 〈처용단장〉, 〈부다페스트에서의 소녀의 죽음〉, 〈꽃의 소묘〉, 〈타령조〉
대표 시집	『구름과 장미』(1948), 『꽃의 소묘』(1959), 『부다페스트에서 소녀의 죽음』(1959), 『타령조 기타』(1969), 『라틴점묘 기타』(1988), 『처용단장』(1991), 『서서 잠자는 숲』(1993), 『들림 도스토예프스키』(1997)
작품 경향	초기시에서 보이는 존재탐구를 통한 실존에 대한 관심은 허무를 통하여 무의미 시로 전환된다. 그리고 이 무의미 시는 또 다시 허무를 만나면서 새로운 의미의 시(서정시)에 천착하게 된다.

내가 그의 이름을 불러주기 전에는
그는 다만
하나의 몸짓에 지나지 않았다.

내가 그의 이름을 불러 주었을 때
그는 나에게로 와서
꽃이 되었다.

내가 그의 이름을 불러 준 것처럼
나의 이 빛깔과 향기에 알맞는
누가 나의 이름을 불러다오.
그에게로 가서 나도
그의 꽃이 되고 싶다.

우리들은 모두
무엇이 되고 싶다.
너는 나에게 나는 너에게
잊혀지지 않는 하나의 눈짓이 되고 싶다.

김춘수 ___ 꽃

생각하기

1 이 시의 주제는 무엇일까요?

2 이 시에서 '꽃'은 어떤 의미인가요?

3 '이름을 불러' 준다는 것은 무얼 말하나요?

4 마지막 행의 '눈짓'은 무얼 의미하나요?

4 시 '꽃'과 주제가 비슷한 자국의 시를 한 편 찾아 써 보세요.

7 김수영

풀

김수영(1921-1968). 시인.
1947년 『예술부락』에 〈묘정의 노래〉를 발표하며 등장.

작품 발표 연도	시 〈풀〉은 『현대문학』(1968)에 발표.
대표 작품	〈묘정의 노래〉, 〈병풍〉, 〈눈〉, 〈먼 곳에서부터〉. 〈풀〉
대표 시집	『새로운 도시와 시민들의 합창』(합동시집 1949), 『달나라의 장난』(1958), 『거대한 뿌리』(1974), 『달의 행로를 밟을지라도』(1976)
작품 경향	초기시에는 기존의 모든 질서를 거부하는 부정정신으로 모더니즘적 경향을 보이고 있으나 중기시 이후에는 리얼리즘적 경향의 시 세계를 보여준다.

풀이 눕는다.
비를 몰아 오는 동풍에 나부껴
풀은 눕고
드디어 울었다
날이 흐려서 더 울다가
다시 누웠다

풀이 눕는다.
바람보다도 더 빨리 눕는다.
바람보다도 더 빨리 울고
바람보다 먼저 일어난다.

날이 흐리고 풀이 눕는다
발목까지
발밑까지 눕는다.
바람보다 늦게 누워도
바람보다 먼저 일어나고
바람보다 늦게 울어도
바람보다 먼저 웃는다
날이 흐리고 풀뿌리가 눕는다.

어휘풀이

- **동풍** 동쪽에서 부는 바람.
- **나부껴** 날리어 흔들리다.

생각하기

1 이 시의 주제는 무엇일까요?

   _____
   _____
   _____

2 풀이 상징하는 것은 무엇일까요?

   _____
   _____
   _____

3 시 '풀'의 풍경을 그림으로 그려 보세요.

4 시 '풀'과 주제가 비슷한 자국의 시를 한 편 찾아 써 보세요.

3
한국 현대 소설

김동인 감자
김유정 동백꽃
이효석 메밀꽃 필 무렵
염상섭 두 파산
황순원 소나기
김승옥 무진기행

1 김동인

감자

김동인(1900-1951). 소설가.
호는 금동(琴童)·금동인(琴童人)·춘사(春士).

작가 소개	문학의 예술성과 독자성을 바탕으로 한 본격적인 근대문학 확립. 1919년 주요한·전영택 등과 함께 우리나라 최초의 동인지 『창조』를 창간.
작품 발표 연도	소설 〈감자〉는 1925년에 발표.
대표 작품	〈감자〉, 〈배따라기〉, 〈광염소나타〉, 〈광화사〉, 〈발가락이 닮았다〉, 〈붉은 산〉, 〈운현궁의 봄〉, 〈대수양〉
작품 경향	근대 문학의 확립 과정에서 문단을 주도했던 이광수의 계몽적 교훈주의에서 벗어나, 문학의 예술성과 독자성을 바탕으로 한 본격적인 근대 문학의 확립에 이바지하였다.

[주요 내용]

주인공 복녀는 농부의 딸이다. 집은 가난하지만 엄한 가정에서 교육을 받고 자라 몸가짐이 단정한 처녀였다. 그런데 집안이 몰락하면서 나이 열다섯에 스무 살이나 더 많은 홀아비에게 단돈 팔십 원에 팔려 시집을 갔다. 그런데 남편은 천성이 게으르고 무능력해서 살림살이가 어려워지게 되고 결국에는 거지들이 모여 사는 칠성문 밖 빈민굴로 들어가 거지처럼 구걸하며 살게 되었다.

그 때, 마침 당국에서 빈민 구제를 겸한 기자묘 솔밭의 송충이 퇴치 작업이 있었는데 복녀도 돈을 벌기 위해서 그 일을 하게 되었다.

열심히 일하던 복녀는 어느 날, 일도 하지 않고 감독과 노닥거리고 놀면서도 자기보다 더 많은 품삯을 받는 여인(인부)들을 보았다. 일하는 대신 감독에게 몸을 주고 돈을 받는 여인들을 보면서 복녀도 차츰 물들어가기 시작했다. 그래서 복녀도 정조를 대수롭지 않게 여기게 되고 세상을 쉽게 사는 방법을 터득하게 된다.

어느 날 복녀는 빈민굴 여인들처럼 중국인 감자 밭에서 감자를 몰래 훔치다가 주인인 왕서방에게 붙잡혔다. 복녀는 왕서방을 따라가 도둑질한 죄로 몸을 주게 되고 그 대가로 돈을 받는다. 복녀는 이때부터 본격적으로 매춘을 시작하게 되고 결국에는 왕서방의 정부가 된다. 무능력하고 게으른 복녀의 남편은 복녀와 왕서방의 관계를 알면서도 돈을 벌어오기 때문에 오히려 왕서방이 집으로 찾아오면 슬그머니 자리를 피해주기까지 한다. 따라서 복녀 부부의 생활 형편은 나아졌다.

그러던 중 왕 서방이 장가를 들게 되었다. 새로 색시를 사온 것이다. 복녀는 타오르는 질투를 참지 못해서 결혼식 날 왕 서방을 찾아가 자기 집으로 가자고 생떼를 썼다. 결혼식장은 복녀로 인하여 아수라장으로 변했고 결국 자기 뜻대로 안되자 낫을 들고 신방에 뛰어 들었다가 도리어 왕서방에 의해 낫에 찔려 죽게 된다. 복녀가 죽자 복녀의 시체를 놓고 세 사람이 둘러 앉았다. 복녀의 남편, 왕 서방, 의사였다. 왕 서방은 말없이 삼십 원을 꺼내어 복녀의 남편에게 주고 의사에게는 이십 원을 주었다.

이튿날 복녀는 뇌일혈로 죽었다는 한방의의 진단으로 공동묘지로 실려 갔다.

[작품]

싸움, 간통[1], 살인, 도둑, 구걸, 징역, 이 세상의 모든 비극과 활극[2]의 근원지인 칠성문 밖 빈민굴로 오기 전까지는 복녀의 부처[3]는 (사농공상의 제이위에 드는) 농민이었다.

복녀는 원래 가난은 하나마 정직한 농가에서 규칙 있게 자라난 처녀였었다. 이전 선비의 엄한 규율은 농민으로 떨어지면서부터 없어졌다 하나, 그러나 어딘지는 모르지만 딴 농민보다는 좀 똑똑하고 엄한 가율[4]이 그의 집에 그냥 남아 있었다. 그 가운데서 자라난 복녀는 물론 다른 집 처녀들같이 여름에는 벌거벗고 개울에서 멱감고, 바짓바람으로 동네를 돌아다니는 것을 예사로 알기는 알았지만, 그러나 그의 마음속에는 막연하나마 도덕이라는 것에 대한 저품[5]을 가지고 있었다.

---

1 결혼한 사람이 배우자가 아닌 이성과 성관계를 맺음. 또는 그런 행위
2 싸움, 도망, 모험 따위를 주로하여 연출한 영화나 연극
3 남편과 아내를 아울러 이르는 말
4 정해진 형벌에 또 다른 벌을 더하던 일. 또는 그 형벌. 가정의 공법
5 낮은 품격

그는 열 다섯 살 나는 해에 동네 홀아비에게 팔십원에 팔려서 시집이라는 것을 갔다. 그의 새서방(영감이라는 편이 적당할까)이라는 사람은 그보다 이십 년이나 위로서, 원래 아버지의 시대에는 상당한 농민으로 밭도 몇 마지기가 있었으나 그의 대로 내려오면서는 하나 둘 줄기 시작하여서 마지막에 복녀를 산 팔십 원이 그의 마지막 재산이었다. 그는 극도로 게으른 사람이었다. 동네 노인의 주선으로 소작밭[6]깨나 얻어 주면 종자만 뿌려 둔 뒤에는 후치질도 안하고 김도 안매고 그냥 버려 두었다가는 가을에 가서는 되는 대로 거둬서 '금년에 흉년[7]입네' 하고 전줏집에는 가져도 안가고 혼자 먹어 버리곤 하였다. 그러니까 그는 한 밭을 이태[8]를 연하여 부쳐 본 일이 없었다. 이리하여 몇 해를 지내는 동안 그는 그 동네에서는 밥을 못 얻으리만큼 인심[9]과 신용[10]을 잃고 말았다.

복녀가 시집을 온 지 한 삼사 년은 장인 덕으로 이렁저렁 지내 갔으나 예전 선비의 꼬리인 장인도 차마 사위를 밉게 보기 시작하였다. 그들은 처가에까지 신용을 잃게 되었다. 그들 부처는 여러 가지로 의논하다가 하릴없이 평양 성안으로 막벌이로 들어왔다. 그러나 게으른 그에게는 막벌이나마 역시 되지 않았다. 하루종일 지게를 지고 연광정에 가서 대동강만 내려다보고 있으니, 어찌 막벌이인들 될까. 한 서너 달 막벌이를 하다가 그들은 요행 어떤 집 막간(행랑)살이로 들어가게 되었다.

그러나 그 집에서도 얼마 안되어 쫓겨나왔다. 복녀는 부지런히 주인집 일을 보았지만 남편의 게으름은 어찌할 수가 없었다. 만날 복녀는 눈에 칼을 세워가지고 남편

6 일정한 액수의 사용료를 내고 남의 밭을 빌려 짓는 농사
7 농작물이 잘되지 아니한 해
8 2년
9 남의 처지를 헤아려 주고 도와주는 마음
10 어떤 말이나 행동을 믿을 만한 것으로 받아들임

을 채근하였지만 그의 게으른 버릇은 개를 줄 수는 없었다.

"볏섬 좀 치워 달라우요."

"남 졸음 오는데, 님자 치우시관."

"내가 치우나요."

"이십 년이나 밥을 처먹고 그걸 못 치워!"

"에이구 칵 죽구나 말디."

"이년 뭘!"

이러한 싸움이 그치지 않다가 마침내 그 집에서도 쫓겨나왔다.

이젠 어디로 가나? 그들은 하릴없이 칠성문 밖 빈민굴로 밀리어 나오게 되었다. 칠성문 밖을 한 부락으로 삼고 그곳에 모여 있는 모든 사람들의 정업[11]은 거지요, 부업으로는 도둑질과(자기끼리의) 매음, 그밖에 이 세상의 모든 무섭고 더러운 죄악이 있었다. 복녀도 그 정업으로 나섰다.

그러나 열 아홉 살의 한창 좋은 나이의 여편네에게는 누가 밥인들 잘 줄까.

"젊은 거이 거랑질[12]은 왜."

그런 소리를 들을 때마다 그는 여러가지 말로 남편이 병으로 죽어 가거니 어쩌니 핑계는 대었지만, 그런 핑계에는 단련된 평양 시민의 동정은 역시 살 수가 없었다. 그들은 이 칠성문 밖에서도 가장 가난한 사람 가운데 드는 편이었다. 그 가운데서 잘 수입되는 사람은 하루에 오리짜리 돈푼으로 일원 칠팔십 전의 현금을 쥐고 돌아오는 사람까지 있었다. 극단으로 나가서는 밤에 돈벌이를 나갔던 사람은 그날 밤 사십 원을 벌어가지고 그 근처에서 담뱃장사를 하기 시작한 사람까지 있었다.

복녀는 열 아홉 살이었다. 얼굴도 그만하면 빤빤하였다. 그 동네 여인들의 보통 하는 일을 본받아서, 그도 돈벌이 좀 잘하는 사람의 집에라도 간간 찾아가면 매일 오륙십 전은 벌 수가 있었지만 선비의 집안에서 자라난 그는 그런 일은 할 수가 없었다.

---

11 정당한 직업
12 남에게 음식을 구걸하는 행동

그들 부처는 역시 가난하게 지냈다. 굶는 일도 흔히 있었다.

기자묘 솔밭에 송충이가 끓었다. 그때 평양루에서는 그 송충이를 잡는 데 (은혜를 베푸는 뜻으로) 칠성문 밖 빈민굴의 여인들을 인부[13]로 쓰게 되었다.

빈민굴 여인들은 모두가 자원[14]을 하였다. 그러나 뽑힌 것은 겨우 오십 명쯤이었다. 복녀도 그 뽑힌 사람 가운데 한 사람이었다.

복녀는 열심으로 송충이를 잡았다. 소나무에 사다리를 놓고 올라가서는 송충이를 집게로 집어서 약물에 잡아넣고 또 그렇게 하고 그의 통은 잠깐 사이에 차곤 하였다. 하루에 삼십 이전씩의 품삯이 그의 손에 들어왔다.

그러나 대엿새 하는 동안에 그는 이상한 현상을 하나 발견하였다. 그것은 다른 것이 아니라 젊은 여인부 한 여남은 사람은 언제든 송충이는 안잡고 아래서 지절거리며 웃고 날뛰기[15]만 하고 있는 것이었다. 뿐만 아니라 그 놀고 있는 인부의 품삯은 일하는 사람의 삯전보다 팔전이나 더 많이 내어주는 것이다. 감독은 한 사람뿐이었는데, 감독도 그들이 놀고 있는 것을 묵인할 뿐 아니라 때때로 자기까지 섞여서 놀고 있었다. 어떤 날 송충이를 잡다가 점심때가 되어서 나무에서 내려와서 점심을 먹고 다시 올라가려 할 때에 감독이 그를 찾았다.

"복네! 애, 복네!"

"왜 그릅네까?"

"좀 오나라."

---

13 일꾼
14 스스로 원함
15 날뛰다 : 감정을 억누르지 못하고 흥분해서 거칠게 행동함

그는 말없이 감독 앞에 갔다.

"내, 너 음…… 데 뒤 좀 가 보자."

"뭘 하게요?"

"글쎄 가야……"

"가디요. 형님!"

그는 돌아서면서 인부들 모여 있는 대로 고함쳤다.

"형님두 갑세다가레."

"싫다 얘, 둘이서 재미나게 가는데 내가 무슨 맛에 가갔니?"

복녀는 얼굴이 새빨갛게 되면서 감독에게로 돌아섰다.

"가 보자."

감독은 저편으로 갔다. 복녀는 머리를 수그리고 따라갔다.

"복네 좋갔구나."

뒤에서 이러한 조롱소리가 들렸다. 복녀의 숙인 얼굴은 더욱 빨갛게 되었다.

그날부터 복녀도 '일 안하고 품삯 많이 받는 인부'의 한 사람으로 되었다.

복녀의 도덕관 내지 인생관은 그때부터 변하였다.

그는 여태껏 딴 사내와 관계를 한다는 것을 생각하여 본 일도 없었다. 그것은 사람의 일이 아니요 짐승의 하는 것쯤으로만 알고 있었다. 혹은 그런 일은 하면 탁 죽어지는지도 모를 일로 알았다.

그러나 이런 이상한 일이 다시 있을까. 사람인 자기도 그런 일을 한 것을 보면 그것은 결코 사람으로 못할 일도 아니었다. 게다가 일 안하고도 돈 더 받고, 긴장된 유쾌가 있고 빌어먹는 것보다 점잖고……일본말로 하자면 '삼박자(拍子)' 같은 좋은 일이 이것뿐이었다. 이것이야말로 삶의 비결이 아닐까. 뿐만이 아니라 이 일이 있은 뒤부터 그는 처음으로 한 개 사람으로 된 것 같은 자신까지 얻었다.

그 뒤부터는 그의 얼굴에 조금씩 분도 발리게 되었다.

일 년이 지났다.

그의 처세의 비결은 더욱 더 순탄히 진척되었다. 그의 부처는 인제는 그리 궁하게 지내지는 않게 되었다. 그의 남편은 이것이 결국 좋은 일이라는 듯이 아랫목에 누워서 얼씬얼씬 웃고 있었다.

복녀의 얼굴은 더욱 예뻐졌다.

"여보 아즈바니, 오늘은 얼마나 벌었소?"

복녀는 돈 좀 많이 번 듯한 거지를 보면 이렇게 찾는다.

"오늘은 많이 못 벌었쉐다."

"얼마?"

"도무지 열 서너 냥."

"많이 벌었쉐다가레. 한 댓 냥 꿰주소고래."

"오늘은 내가……"

어쩌고어쩌고 하면 복녀는 곧 뛰어가서 그의 팔에 늘어진다.

"나한테 들킨 댐에는 꿔구야 말아요."

"난, 원 이 아즈마니 만나믄 야단이디라. 자 꿰주디, 그 대신 응? 알아 있디?"

"난 몰라요, 해해해해."

"모르믄, 안줄 테야."

"글쎄 알았대두 그른다."

그의 성격은 이만큼 진보되었다.

가을이 되었다.

칠성문 밖 빈민굴의 여인들은 가을이 되면 칠성문 밖에 있는 중국인의 채마밭에 감자(고구마)며 배추를 도둑질하러 밤에 바구니를 가지고 간다. 복녀도 감자깨나 도둑질하여 왔다.

어떤 날 밤 그는 고구마를 한 바구니 잘 두둑하여 가지고 이젠 돌아가려고 일어설 때에 그의 뒤에

시커먼 그림자가 서서 그를 꽉 붙들었다. 보니 그것은 그 밭의 주인인 중국인 왕서방이었다. 복녀는 말도 못하고 멀찐멀찐 발 아래만 보고 있었다.

"우리집에 가!"

왕서방은 이렇게 말하였다.

"가재믄 가디, 원 것도 못갈까."

복녀는 엉덩이를 한번 휙 두른 뒤에 머리를 젖히고 바구니를 저으면서 왕서방을 따라갔다.

한 시간쯤 뒤에 그는 왕서방의 집에서 나왔다. 그가 밭 고랑에서 길로 들어서려 할 때에 문득 뒤에서 누가 그를 찾았다.

"복녀 아니야?"

복녀는 획 돌아서 보았다. 거기는 곁집 여편네가 바구니를 끼고 어두운 밭고랑을 더듬더듬 나오고 있었다.

"형님이댔쉐까?"

"님자두 들어갔댔나?"

"형님은 뉘 집에?"

"나? 눅(陸)서방네 집에, 님자는?"

"난 왕서방네……형님 얼마 받았소?"

"눅서방네…… 그 깍쟁이놈 배추 세 패기……"

"난 삼원 받았디."

복녀는 자랑스러운 듯이 대답하였다.

십분쯤 뒤에 그는 자기 남편과 그 앞에 돈 삼원을 내놓은 뒤에 아까 그 왕서방의 이야기를 하면서 웃고 있었다.

그뒤부터 왕서방은 무시로 복녀를 찾아왔다.

한참 왕서방이 눈만 멀찐멀찐 앉아 있으면 복녀의 남편은 눈치를 채고 밖으로 나간다. 왕서방이 돌아간 뒤에는 그들 부처는 일원 혹은 이원을 가운데 놓고 기뻐하곤 하였다. 복녀는 차차 동네 거지들한테 애교를 파는 것을 중지하였다. 왕서방이 분주하여 못올 때가 있으면 복녀는 스스로 왕서방의 집까지 찾아갈 때도 있었다.

복녀의 부처는 이젠 이 빈민굴의 한 부자였다.

그 겨울도 가도 봄이 이르렀다.

그때 왕서방은 돈 백원으로 처녀 하나 마누라로 사오게 되었다.

"흥."

복녀는 다만 코웃음만 쳤다.

"복녀 강짜[16]하갔구만."

동네 여편네들이 이런 말을 하면 복녀는 '흥'하고 코웃음을 웃곤 하였다.

내가 강짜를 해? 그는 늘 힘있게 부인하고 하였다. 그러나 그의 마음에 생기는 검은 그림자는 어찌할 수가 없었다.

"이놈 왕서방, 네 두고 보자."

왕서방이 색시를 데려오는 날이 가까워 왔다. 왕서방은 여태껏 자랑하던 기다란 머리를 깎았다. 동시에 그것은 새색시의 의견이라는 소문이 퍼졌다.

"흥"

복녀는 역시 코웃음만 쳤다.

마침내 새색시가 오는 날이 이르렀다. 칠보단장[17]에 사린교[18]를 탄 색시가 칠성문 밖 채마밭 가운데 있는 왕서방의 집에 이르렀다. 밤이 깊도록 왕서방의 집에는 중국인들이 모여서 별난 악기를 뜯으며 별난 곡조로 노래하며 야단이었다. 복녀는 집 모퉁이에 숨어 서서 눈에 살기[19]를 띠고 방안의 동정[20]을 듣고 있었다.

다른 중국인들은 새벽 두시쯤 하여 돌아갔다. 그 돌아가는 것을 보면서 복녀는 왕

16 '강샘'의 속된말. 상대하고 있는 이성이 다른 이성과 좋아함을 지나치게 시샘하는 일. 질투
17 여러 가지 패물로 몸을 꾸밈. 또는 그 꾸밈새
18 앞뒤에 각각 두 사람씩 모두 네 사람이 한 줄로 서서 메는 가마
19 남을 죽이거나 해치려는 듯한 무서운 기운
20 일이나 현상이 움직이거나 벌어지는 낌새

서방의 집 안에 들어갔다. 복녀의 얼굴에는 분이 하얗게 발리어 있었다. 신랑 신부는 놀라서 그를 쳐다보았다. 그것을 무서운 눈으로 흘겨보면서 그는 왕서방에게 가서 팔을 잡고 늘어졌다. 그의 입에서는 이상한 웃음이 흘렀다.

"자, 우리집으로 가요."

왕서방은 아무 말도 못하였다. 눈만 정처없이 두룩두룩하였다. 복녀는 다시 한번 왕서방을 흔들었다.

"자, 어서."

"우리, 오늘밤 일이 있어 못가."

"일은 밤중에 무슨 일."

"그래두 우리 일이……."

복녀의 입에 여태껏 떠돌던 이상한 웃음은 문득 없어졌다.

"이까짓 것!"

그는 발을 들어서 치장한 신부의 머리를 찼다.

"자, 가자우, 가자우."

왕서방은 와들와들 떨었다. 왕서방은 복녀의 손을 뿌리쳤다. 복녀는 쓰러졌다. 그러나 곧 일어섰다. 그가 다시 일어설 때는 그의 손에 얼른얼른하는 낫이 한 자루 들리어 있었다.

"이 되놈 죽어라. 이놈, 나 때렸니! 이놈아, 아이구 사람 죽이누나."

그는 목을 놓고 처울면서 낫을 휘둘렀다. 칠성문 밖 외따른 밭 가운데 홀로 서 있는 왕서방의 집에서는 일장의 활극이 일어났다. 그러나 그 활극도 곧 잠잠하게 되었다. 복녀의 손에 들리어 있던 낫은 어느덧 왕서방의 손으로 넘어가고 복녀는 목으로 피를 쏟으며 그 자리에 고꾸라져 있었다.

복녀의 송장은 사흘이 지나도록 무덤으로 못 갔다. 왕서방은 몇 번을 복녀의 남편을 찾아갔다. 복녀의 남편도 때때로 왕서방을 찾아갔다. 둘의 사이에는 무슨 교섭[21]하는 일이 있었다.

사흘이 지났다.

밤중 복녀의 시체는 왕서방의 집에서 남편의 집으로 옮겨졌다.

그리고 시체에는 세 사람이 둘러 앉았다. 한 사람은 복녀의 남편, 한 사람은 왕서방, 또 한 사람은 어떤 한방의사. 왕서방은 말없이 돈주머니를 꺼내어 십원짜리 지폐 석 장을 복녀의 남편에게 주었다. 한방의사의 손에도 십원짜리 두 장이 갔다.

이튿날 복녀는 뇌일혈로 죽었다는 한방의의 진단으로 공동묘지로 가져갔다.

---

21 어떤 일을 이루기 위하여 서로 의논하고 절충함

생각하기

1 이 소설의 주제는 무엇일까요?

___

2 복녀의 정조관념은 어떻게 변하였나요?

___

3 복녀의 삶이 변하게 되는 것은 무엇 때문일까요?

___

4 복녀의 남편은 어떤 사람인가요?

5 소설 "감자"의 줄거리를 쓰세요.

2 김유정

동백꽃

김유정(1908-1937). 소설가.

작가 소개	1935년 『조선일보』 신춘문예에 〈소낙비〉(원제목은 〈따라지 목숨〉)가 당선되었고, 같은 해 『조선중앙일보』에 〈노다지〉가 당선되어 문단에 등장.
작품 발표 연도	소설 〈동백꽃〉은 1936년에 발표.
대표 작품	〈소낙비〉, 〈노다지〉, 〈금따는 콩밭〉, 〈만무방〉, 〈아내〉, 〈봄봄〉, 〈따라지〉
작품 경향	농촌을 배경으로, 토속어와 비속어 등으로 농촌 현실을 현실감 있게 표현하고 있으며 해학과 골계미가 있다.

[주요 내용]

나는 마름인 점순이네 땅을 얻어 농사를 부쳐 먹고 사는 소작농의 아들이다.

오늘은 점심을 먹고 나무를 하기 위해 산으로 올라서려는데, 점순네 수탉이 며칠 전 싸움으로 아직 상처가 아물지도 않은 우리 닭의 대가리를 다시 쪼아대서 피가 나기 시작했다. 나는 놀라 작대기를 들고 헛매질만 하여 두 쌈닭을 떼어 놓았다. 아마도 점순이가 내게 앙갚음을 하려는 것 같았다.

나흘 전에 점순이는 울타리 엮는 내 등 뒤로 와서 김이 모락모락 나는 뜨거운 구운 감자를 주려는 것을 손을 밀쳐버리고 거절한 적이 있었다. 그 때 약이 올라 쌔근쌔근하며 눈물까지 글썽이는 것을 보았다.

그 다음날 점순이는 자기집 마당에 홀로 걸터앉아 우리 집 씨암탉을 붙들어 놓고 때리고 있었다. 나는 화가 치밀었으나 계집애하고 싸울 수도 없었다. 점순이는 사람들이 없으면 수탉을 몰고 와서 우리 집 수탉과 싸움을 붙였다.

하루는 나도 우리 집 수탉에게 고추장을 먹이고 용을 쓸 때까지 기다려서 점순네 닭과 싸움을 붙였다. 싸움을 하면 언제나 점순이네 수탉이 이긴다. 나는 우리집 수탉이 이기게 하기 위해 고추장을 먹이기도 하지만, 제대로 한 번 싸워보지도 못하고 우리 닭은 기가 꺾여 버린다.

점심을 먹고 나무를 하러 가서 소나무 땔감을 꺾으면서 나는 점순이의 모가지를 돌려놓고 싶은 충동을 느낀다. 나무를 다하고 산을 내려오는데 점순이가 바윗돌 틈에 동백꽃을 소복하게 깔아놓고 앉아서 청승맞게 호드기를 불고 있었다. 그 옆에서는 푸드득 푸드득 닭의 횃소리가 요란하게 들리는 광경을 목격한다. 나는 약이 올라지게 막대기로 점순네 수탉을 단번에 때려 죽였다. 점순이는 눈을 흡뜨고 달려들고, 나는 분하기도 하고 무안도 스러웠으나 이젠 땅이 떨어지고 집도 빼앗길 처지에 이르렀음을 알고 엉엉 울음을 터뜨린다.

그때 점순이가 내게 다음부터는 그러지 않겠느냐고 다짐을 했고 나는 그렇게 하겠다고 약속을 했다. 그리고 무엇에 떠밀렸는지 점순이의 몸뚱이가 내게 쓰러진다. 노란 동백꽃 속에 파묻힌 나는 향긋한 냄새에 정신이 아찔해진다. 이때 점순이 어머니가 산 밑에서 점순이를 부르는 소리가 들려오고, 점순이는 겁을 먹고 꽃 밑을 살금살금 기어서 산 아래로 내려가고 나는 산 위로 도망쳤다.

[작품]

오늘도 또 우리 수탉이 막 쫓기었다. 내가 점심을 먹고 나무를 하러 갈 양으로 나올 때이었다. 산으로 올라서려니까 등 뒤에서 푸드득 푸드득 하고 닭의 횃소리[1]가 야단이다. 깜짝 놀라서 고개를 돌려보니 아니나다르랴 두 놈이 또 얼리었다.

점순네 수탉(대강이가 크고 똑 오소리같이 실팍하게 생긴 놈)이 덩저리[2] 작은 우리 수탉을 함부로 해내는 것이다. 그것도 그냥 해내는 것이 아니라 푸드득하고 면두를 쪼고 물러섰다가 좀 사이를 두고 푸드득하고 모가지를 쪼았다. 이렇게 멋을 부려 가며 여지없이 닦아 놓는다. 그러면 이 못생긴 것은 쪼일 적마다 주둥이로 땅을 받으며 그 비명이 킥, 킥, 할 뿐이다. 물론 미처 아물지도 않은

1 닭이 홰를 치는 소리
2 '덩치'의 속된말

한국 현대 소설

면두³를 또 쪼이며 붉은 선혈은 뚝뚝 떨어진다. 이걸 가만히 내려다보자니 내 대강이가 터져서 피가 흐르는 것같이 두 눈에서 불이 번쩍 난다. 대뜸 지게막대기를 메고 달려들어 점순네 닭을 후려칠까 하다가 생각을 고쳐먹고 헛매질로 떼어만 놓았다.

이번에도 점순이가 쌈을 붙여 놨을 것이다. 바짝바짝 내 기를 올리느라고 그랬음에 틀림없을 것이다. 고 놈의 계집애가 요새로 들어서 왜 나를 못 먹겠다고 고렇게 아르릉거리는지 모른다.

나흘 전 감자건만 하더라도 나는 저에게 조금도 잘못한 것은 없다. 계집애가 나물을 캐러 가면 갔지 남 울타리 엮는 데 쌩이질⁴을 하는 것은 다 뭐냐. 그것도 발소리를 죽여 가지고 등 뒤로 살며시 와서,

"얘! 너 혼자만 일하니?"

하고 긴치 않는⁵ 수작을 하는 것이다.

어제까지도 저와 나는 이야기도 잘 않고 서로 만나도 본체 만 척하고 이렇게 점잖게 지내던 터이련만 오늘로 갑작스레 대견해졌음은 웬일인가. 항차⁶ 망아지만 한 계집애가 남 일하는 놈 보구…….

"그럼 혼자 하지 떼루 하듸?"

내가 이렇게 내배앝는 소리를 하니까,

"너 일하기 좋니?"

또는,

"한여름이나 되거든 하지 벌써 울타리를 하니?"

잔소리를 두루 늘어놓다가 남이 들을까 봐 손으로 입을 틀어막고는 그 속에서 깔깔댄다. 별로 우스울 것도 없는데 날씨가 풀리더니 이 놈의 계집애가 미쳤나 하고 의

---

3 '볏'의 방언
4 '씨양이질'의 준말. 남이 바쁠 때에 중요하지 않은 일로 귀찮게 구는 일
5 긴치 않는 : 쓸 데 없는. 필요치 않은
6 '항차'의 변한말. 하물며

심하였다. 게다가 조금 뒤에는 제 집께[7]를 할금 할금 돌아보더니 행주치마의 속으로 꼈던 바른손을 뽑아서 나의 턱밑으로 불쑥 내미는 것이다. 언제 구웠는지 더운 김이 홱 끼치는 굵은 감자 세 개가 손에 뿌듯이 쥐였다.

"느 집엔 이거 없지?"

하고 생색[8] 있는 큰소리를 하고는 제가 준 것을 남이 알면은 큰일날테니 여기서 얼른 먹어 버리란다. 그리고 또 하는 소리가,

"너 봄 감자가 맛있단다."

"난 감자 안 먹는다. 너나 먹어라."

나는 고개도 돌리지 않고 일하던 손으로 그 감자를 도로 어깨 너머로 쑥 밀어 버렸다. 그랬더니 그래도 가는 기색이 없고, 뿐만 아니라 쌔근쌔근하고 심상치 않게 숨소리가 점점 거칠어진다. 이건 또 뭐야 싶어서 그때에야 비로소 돌아다보니 나는 참으로 놀랐다. 우리가 이 동네에 들어온 것은 근 삼 년째 되어 오지만 여태껏 가무잡잡한 점순이의 얼굴이 이렇게까지 홍당무처럼 새빨개진 법이 없었다. 게다가 눈에 독을 올리고 한참 나를 요렇게 쏘아보더니 나중에는 눈물까지 어리는 것이 아니냐. 그리고 바구니를 다시 집어들더니 이를 꼭 악물고는 엎어질 듯 자빠질 듯 논둑으로 횡하게 달아나는 것이다.

어쩌다 동리 어른이,

"너 얼른 시집을 가야지?"

하고 웃으면,

"염려 마서유. 갈 때 되면 어련히 갈라구!"

이렇게 천연덕스레 받는 점순이었다. 본시 부끄럼을 타는 계집애도 아니거니와 또한 분하다고 눈에 눈물을 보일 얼병이[9]도 아니다. 분하면 차라리 나의 등어리를 바구

---

7 집 쪽
8 다른 사람들 앞에 떳떳이 나설 수 있는 체면
9 얼빙이. 얼뜨고 멍청한 사람. 말이나 하는 짓이 다부지지 못하고 어리석은 사람

니로 한번 모질게 후려쌔리고 달아날지언정.

그런데 고약한 그 꼴을 하고 가더니 그 뒤로는 나를 보면 잡아먹으려 기를 복복 쓰는 것이다.

설혹 주는 감자를 안 받아먹는 것이 실례라 하면, 주면 그냥 주었지 '느 집엔 이거 없지.'는 다 뭐냐. 그렇잖아도 저희는 마름[10]이고 우리는 그 손에서 배재[11]를 얻어 땅을 부치므로 일상 굽실거린다. 우리가 이 마을에 처음 들어와 집이 없어서 곤란으로 지낼 제 집터를 빌리고 그 위에 집을 또 짓도록 마련해 준 것도 점순네의 호의였다. 그리고 우리 어머니 아버지도 농사 때 양식이 딸리면 점순이네한테 가서 부지런히 꾸어다 먹으면서 인품 그런 집은 다시없으리라고 침이 마르도록 칭찬하곤 하는 것이다. 그러면서도 열일곱씩이나 된 것들이 수군수군하고 붙어 다니면 동네의 소문이 사납다고 주의를 시켜 준 것도 또 어머니였다. 왜냐하면 내가 점순이 하고 일을 저질렀다가는 점순네가 노할 것이고, 그러면 우리는 땅도 떨어지고 집도 내쫓기고 하지 않으면 안되는 까닭이었다.

그런데 이놈의 계집애가 까닭없이 기를 복복 쓰며 나를 말려 죽이려고 드는 것이다.

눈물을 흘리고 간 담날 저녁나절이었다. 나무를 한 짐 잔뜩 지고 산을 내려오려니까 어디서 닭이 죽는 소리를 친다. 이거 뉘집에서 닭을 잡나, 하고 점순네 울[12] 뒤로 돌아오다가 나는 고만 두 눈이 똥그랬다. 점순이가 저희 집 봉당[13]에 홀로 걸터앉았는데 이게 치마 앞에다 우리 씨암탉을 꼭 붙들어 놓고는,

"이놈의 씨닭! 죽어라 죽어라."

요렇게 암팡스레 패 주는 것이 아닌가. 그것도 대가리나 치면 모른다마는 아주 알

---

10 지주의 위임을 받아서 소작권을 관리하는 사람
11 농사 지을 밭이나 논.
12 울타리
13 '뜰'의 방언

도 못 낳으라고 그 볼기짝께를 주먹으로 콕콕 쥐어박는 것이다.

　나는 눈에 쌍심지[14]가 오르고 사지가 부르르 떨렸으나 사방을 한번 휘둘러보고야 그제서야 점순이 집에 아무도 없음을 알았다. 잡은 참 지게 막대기를 들어 울타리의 중턱을 후려치며,

　"이놈의 계집애! 남의 닭 알 못 낳으라구 그러니?"

　하고 소리를 빽 질렀다.

　그러나 점순이는 조금도 놀라는 기색이 없고 그대로 의젓이 앉아서 제 닭 가지고 하듯이 또 죽어라, 죽어라하고 패는 것이다. 이걸 보면 내가 산에서 내려올 때를 겨냥해 가지고 미리부터 닭을 잡아가지고 있다가 네 보라는 듯이 내 앞에서 줴지르고 있음이 확실하다.

　그러나 나는 그렇다고 남의 집에 뛰어들어가 계집애하고 싸울 수도 없는 노릇이고 형편이 썩 불리함을 알았다. 그래 닭이 맞을 적마다 지게 막대기로 울타리를 후려칠 수밖에 별 도리가 없다. 왜냐하면 울타리를 치면 칠수록 울섶이 물러앉으며 뼈대만 남기 때문이다. 허나 아무리 생각하여도 나만 밑지는 노릇이다.

　"아, 이년아! 남의 닭 아주 죽일 터이야?"

　내가 도끼눈을 뜨고 다시 꽥 호령을 하니까 그제서야 울타리께로 쪼르르 오더니 울 밖에 섰는 나의 머리를 겨누고 닭을 내팽개친다.

　"에이 더럽다! 더럽다!"

　"더러운 걸 널더러 입때 끼고 있으랬니? 망할 계집애년 같으니"

　하고 나도 더럽단 듯이 울타리께를 횡허케 돌아내리며 약이 오를 대로 다 올랐다라고 하는 것은 암탉이 풍기는 서슬에 나의 이마빼기에다 물지똥을 찍 갈겼는데 그걸 본다면 알집만 터졌을 뿐 아니라 골병[15]은 단단히 든 듯싶다. 그리고 나의 등 뒤를 향하여 나에게만 들릴 듯 말 듯한 음성으로,

---

14　몹시 화가 나서 두 눈에 핏발이 섬을 비유하여 이르는 말
15　속으로 깊이 든 병

"이 바보 녀석아!"

"얘! 너 배냇병신[16]이지?"

그만도 좋으련만.

"얘! 너 느 아버지가 고자라지?"

"뭐 울아버지가 그래 고자야?"

할 양으로 열벙거지[17]가 나서 고개를 홱 돌리어 바라봤더니 그때까지 울타리 위로 나와 있어야 할 점순이의 대가리가 어디 갔는지 보이지를 않는다. 그러다 돌아서서 오자면 아까 한 욕을 울 밖으로 또 퍼붓는 것이다. 욕을 이토록 먹어 가면서도 대거리 한 마디 못하는 걸 생각하니 돌부리에 채이어 발톱 밑이 터지는 것도 모를 만큼 분하고 급기야는 두 눈에 눈물까지 불끈 내솟는다.

그러나 점순이의 침해[18]는 이것뿐이 아니다.

사람들이 없으면 틈틈이 제 집 수탉을 몰고 와서 우리 수탉과 쌈을 붙여 놓는다. 제 집 수탉은 썩 험상궂게 생기고 쌈이라면 홰를 치는 고로 으레 이길 것을 알기 때문이다. 그래서 툭하면 우리 수탉이 면두며 눈깔이 피로 흐드르하게 되도록 해 놓는다. 어떤 때에는 우리 수탉이 나오지를 않으니까 요놈의 계집애가 모이를 쥐고 와서 꾀어내다가 쌈을 붙인다.

이렇게 되면 나도 다른 배차[19]를 차리지 않을 수 없었다. 하루는 우리 수탉을 붙들어 가지고 넌지시 장독께로 갔다. 쌈닭에게 고추장을 먹이면 병든 황소가 살모사를 먹고 용을 쓰는 것처럼 기운이 뻗친다 한다. 장독에서 고추장 한 접시를 떠서 닭 주둥아리께로 들여 밀고 먹여 보았다. 닭도 고추장에 맛을 들였는지 거스르지 않고 거진 반 접시 턱이나 곧잘 먹는다. 그리고 먹고 금시는 용을 못 쓸 터이므로 얼마쯤 기

---

16 태어날 때부터 병신
17 몸에서 열이 높이 오르면서 앓는 질병. 두통, 식욕 부진 따위가 뒤따른다
18 남의 권리나 재산 따위를 함부로 침범하여 손해를 끼침
19 차례를 정함. 또는 정해진 차례

운이 돌도록 횃속에다 가두어 두었다.

밭에 두엄을 두어 짐 져내고 나서 쉴 참에 그 닭을 안고 밖으로 나왔다. 마침 밖에는 아무도 없고 점순이만 저희 울안에서 헌옷을 뜯는지 혹은 솜을 터는지 웅크리고 앉아서 일을 할 뿐이다.

나는 점순네 수탉이 노는 밭으로 가서 닭을 내려놓고 가만히 맥을 보았다. 두 닭은 여전히 얼리어 쌈을 하는데 처음에는 아무 보람이 없었다. 멋지게 쪼는 바람에 우리 닭은 또 피를 흘리고 그러면서도 날갯죽지만 푸드득푸드득하고 올라 뛰고 뛰고 할뿐으로 제법 한번 쪼아 보지도 못한다.

그러나 한번엔 어쩐 일인지 용을 쓰고 펄쩍 뛰더니 발톱으로 눈을 하비고 내려오며 면두를 쪼았다. 큰 닭도 여기에는 놀랐는지 뒤로 멈씰하며 물러난다. 이 기회를 타서 작은 우리 수탉이 또 날쌔게 덤벼들어 다시 면두를 쪼니 그제서는 감때사나운 그 대강이에서도 피가 흐르지 않을 수 없다.

옳다 알았다, 고추장만 먹이면는 되는구나 하고 나는 속으로 아주 쟁그러워[20] 죽겠다. 그때에는 뜻밖에 내가 닭쌈을 붙여 놓는 데 놀라서 울 밖으로 내다보고 섰던 점순이도 입맛이 쓴지 눈쌀을 찌푸렸다.

나는 두 손으로 볼기짝을 두드리며 연방,

"잘한다! 잘한다!"하고, 신이 머리끝까지 뻐치었다.

그러나 얼마 되지 않아서 나는 넋이 풀리어 기둥같이 묵묵히 서 있게 되었다. 왜냐하면 큰 닭이 한번 쪼인 앙갚음으로 호들갑스레 연거푸 쪼는 서슬에 우리 수탉은 찔끔 못하고 막 곯는다. 이걸 보고서 이번에는 점순이가 깔깔거리고 되도록 이쪽에서 많이 들으라고 웃는 것이다.

나는 보다 못하여 덤벼들어서 우리 수탉을 붙들어 가지고 도로 집으로 들어왔다. 고추장을 좀더 먹였더라면 좋았을 걸, 너무 급하게 쌈을 붙인 것이 퍽 후회가 난다.

---

20 고소하고 재밌어서

장독께로 돌아와서 다시 턱밑에 고추장을 들이댔다. 홍분으로 말미암아 그런지 당최 먹질 않는다.

나는 하릴없이 닭을 반듯이 눕히고 그 입에다 궐련[21] 물부리를 물리었다. 그리고 고추장물을 타서 그 구멍으로 조금씩 들여 부었다. 닭은 좀 괴로운지 킥킥하고 재채기를 하는 모양이나 그러나 당장의 괴로움은 매일 같이 피를 흘리는 데 댈 게 아니라 생각하였다.

그러나 한 두어 종지 가량 고추장물 먹이고 나서는 나는 고만 풀이 죽었다. 싱싱하던 닭이 왜 그런지 고개를 살며시 뒤틀고는 손아귀에서 뻐드러지는 것이 아닌가. 아버지가 볼까 봐서 얼른 홰에다 감추어 두었더니 오늘 아침에서야 겨우 정신이 든 모양 같다.

그랬던 걸 이렇게 오다 보니까 또 쌈을 붙여 놓으니 이 망한 계집애가 필연 우리 집에 아무도 없는 틈을 타서 제가 들어와 홰에서 꺼내 가지고 나간 것이 분명하다.

나는 다시 닭을 잡아다 가두고 염려는 스러우나 그렇다고 산으로 나무를 하러 가지 않을 수도 없는 형편이었다.

소나무 삭정이[22]를 따며 가만히 생각해 보니 암만해도 고년의 목쟁이[23]를 돌려놓고 싶다. 이번에 내려가면 망할 년 등줄기를 한번 되게 후려치겠다 하고 싱둥겅둥 나무를 지고는 부리나케 내려왔다.

거지반[24] 집에 다 내려와서 나는 호드기 소리를 듣고 발이 딱 멈추었다. 산기슭에 널려 있는 굵은 바윗돌 틈에 노란 동백꽃이 소보록하니 깔리었다. 그 틈에 끼어 앉아서 점순이가 청승맞게시리 호드기를 불고 있는 것이다. 그보다도 더 놀란 것은 고 앞에서 또 푸드득, 푸드득, 하고 들리는 닭의 횃소리다. 필연코 요년이 나의 약을 올리

---

21 종이로 말아 놓은 담배
22 산 나무에 붙은 채 말라 죽은 작은 가지
23 '목'의 속된 말
24 거의

느라고 또 닭을 집어내다가 내가 내려올 길목에다 쌈을 시켜 놓고 저는 그 앞에 앉아서 천연스레 호드기를 불고 있음에 틀림없으리라.

　나는 약이 오를 대로 올라서 두 눈에서 불과 함께 눈물이 퍽 쏟아졌다. 나뭇지게도 벗어 놀 새 없이 그대로 내동댕이치고는 지게 막대기를 뻗치고 허둥허둥 달려들었다.

　가까이 와 보니 과연 나의 짐작대로 우리 수탉이 피를 흘리고 거의 빈사지경에 이르렀다. 닭도 닭이려니와 그러함에도 불구하고 눈 하나 깜짝 없이 고대로 앉아서 호드기만 부는 그 꼴에 더욱 치가 떨린다. 동네에서도 소문이 났거니와 나도 한때는 걱실걱실히 일 잘 하고 얼굴 예쁜 계집애인 줄 알았더니 시방 보니까

　그 눈깔이 꼭 여우새끼 같다.

　나는 대뜸 달려들어서 나도 모르는 사이에 큰 수탉을 단매로 때려 엎었다. 닭은 푹 엎어진 채 다리 하나 꼼짝 못 하고 그대로 죽어 버렸다. 그리고 나는 멍하니 섰다가 점순이가 매섭게 눈을 홉뜨고 닥치는 바람에 뒤로 벌렁 나자빠졌다.

　"이놈아! 너 왜 남의 닭을 때려죽이니?"

　"그럼 어때?"

　하고 일어나다가,

　"뭐 이 자식아! 누 집 닭인데?"

　하고 복장²⁵을 떼미는 바람에 다시 벌렁 자빠졌다. 그리고 나서 가만히 생각을 하니 분하기도 하고 무안도스럽고, 또 한편 일을 저질렀으니, 인젠 땅이 떨어지고 집도 내쫓기고 해야 될는지 모른다.

25　가슴 한복판

나는 비슬비슬 일어나며 소맷자락으로 눈을 가리고는, 얼김에 엉 하고 울음을 놓았다. 그러나 점순이가 앞으로 다가와서,

"그럼 너 이담부텀 안 그럴 테냐?"

하고 물을 때에야 비로소 살길을 찾은 듯싶었다. 나는 눈물을 우선 씻고 뭘 안 그러는지 명색도 모르건만,

"그래!"

하고 무턱대고 대답하였다.

"요담부터 또 그래 봐라, 내 자꾸 못살게 굴 테니."

"그래 그래 이젠 안 그럴 테야!"

"닭 죽은 건 염려 마라, 내 안 이를 테니."

그리고 뭣에 떠다밀렸는지 나의 어깨를 짚은 채 그대로 퍽 쓰러진다. 그 바람에 나의 몸뚱이도 겹쳐서 쓰러지며, 한창 피어 퍼드러진 노란 동백꽃 속으로 폭 파묻혀 버렸다.

알싸한, 그리고 향긋한 그 냄새에 나는 땅이 꺼지는 듯이 온 정신이 고만 아찔하였다.

"너 말 마라!"

"그래!"

조금 있더니 요 아래서,

"점순아! 점순아! 이년이 바느질을 하다 말구 어딜 갔어?"

하고 어딜 갔다 온 듯싶은 그 어머니가 역정[26]이 대단히 났다.

점순이가 겁을 잔뜩 집어먹고 꽃밑을 살금살금 기어서 산알[27]로 내려간 다음 나는 바위를 끼고 엉금엉금 기어서 산 위로 치빼지[28] 않을 수 없었다.

---

26 매우 못마땅하고 언짢아서 내는 성
27 산 아래
28 위쪽으로 도망감

생각하기

1 이 소설의 주제는 무엇일까요?

2 점순이가 닭싸움을 시키는 이유는 무엇일까요?

3 마름과 소작인은 어떤 관계인가요?

4 자국의 나라에도 닭싸움을 시키는 전통이 있나요?

5 소설 "동백꽃"의 줄거리를 쓰세요.

3 이효석

메밀꽃 필 무렵

이효석(1907-1942). 소설가. 시인.

호는 가산(可山).

작가 소개	1928년 『조선지광(朝鮮之光)』에 단편 「도시와 유령」이 발표되면서 동반자작가(同伴者作家)로 데뷔.
작품 발표 연도	소설 〈메밀꽃 필 무렵〉은 1936년에 발표.
대표 작품	〈도시와 유령〉, 〈행진곡〉, 〈기우〉, 〈돈〉, 〈수탉〉, 〈메밀꽃 필 무렵〉,
작품 경향	고향에 대한 그리움과 이국에 대한 동경이 소설의 배경이 된다. 그리고 인생을 자연과 융화시켜 서정적이면서도 미학적인 경향을 보인다.

[주요 내용]

장돌뱅이인 허생원은 장사가 끝나자 같은 장돌뱅이 친구인 조선달과 충주집이라는 주막에 막걸리 한 잔 하기 위해 들어간다. 허생원은 그 충주집에서 어린 장돌뱅이 동이를 만나게 되는데 어린 동이가 주막에서 여자와 농담하며 노는 것이 못마땅해 혼을 내고 동이는 화를 내며 밖으로 나간다. 그리고 얼마 후 동이가 허생원이 길가에 세워둔 나귀가 동네 각다귀들에게 괴롭힘을 당하고 있다는 것을 알려주고 그 일로 둘은 나빴던 감정이 풀어진다.

밤이 되자 허생원, 조선달, 동이 이렇게 셋은 함께 나귀를 몰고 다음 장인 봉평장으로 가기 위해 발을 옮겼다. 달이 환히 밝았다. 달밤에 걷는 산길에는 메밀꽃이 흐드러지게 피어 있었다. 밤길을 걸으며 허생원은 젊었을 때 봉평에서 겪었던 옛일을 이야기 한다.

메밀꽃이 핀 여름 밤, 허생원은 장돌뱅이로 번 돈을 노름판에서 다 잃고 토방이 무더워 목욕을 하러 개울가로 갔다. 달이 너무도 밝은 까닭에 옷을 벗으러 물방앗간으로 갔다가 거기서 울고 있는 성 서방네 처녀를 만난다. 성 서방네는 파산(破産)을 한 터여서 처녀는 신세 한탄을 하며 울고 있었던 것이다. 그런 상황 속에서 허생원은 처녀와 관계를 맺고 봉

이효석 ___ 메밀꽃 필 무렵

평을 떠났고, 그 다음날 처녀는 빚쟁이를 피해서 줄행랑을 놓는 가족과 함께 떠나고 말았다. 이렇게 헤어진 뒤로 둘은 한 번도 만난 적이 없다.

  이런 저런 이야기를 하며 걷는 중에 동이가 홀어머니를 모시고 살고 있음을 알게 된다. 순간 발을 빗디딘 허생원은 나귀 등에서 떨어져 물에 빠지고 그걸 동이가 부축해서 업어 물을 건넌다. 허생원은 혹시 하는 마음에 동이에게 어머니 고향을 물으니 역시 봉평이라고 말한다. 그리고 어둠 속에서도 동이가 자기처럼 왼손잡이 임을 알게 된다. 허생원은 동이의 어머니가 제천에 홀로 산다는 얘기를 듣고 봉평으로 가려던 발길을 돌려 동이를 따라 제천으로 가야겠다고 마음먹는다.

[작품]

··· 생략 ···

드팀전[1] 장돌[2]을 시작한 지 이십 년이나 되어도 허생원은 봉평장을 빼논 적은 드물었다. 충주 제천 등의 이웃 군에도 가고, 멀리 영남지방도 헤매기는 하였으나 강릉쯤에 물건 하러 가는 외에는

처음부터 끝까지 군내를 돌아다녔다. 닷새만큼씩의 장날에는 달보다도 확실하게 면에서 면으로 건너간다. 고향이 청주라고 자랑삼아 말하였으나 고향에 돌보러 간 일도 있는 것 같지는 않았다. 장에서 장으로 가는 길의 아름다운 강산이 그대로 그에게

---

1 옛날에, 무명이나 비단 등 피륙을 팔던 가게
2 각처의 장으로 돌아다니면서 물건을 파는 장수

는 그리운 고향이었다. 반날 동안이나 뚜벅뚜벅 걷고 장터 있는 마을에 거지반 가까왔을 때 거친 나귀가 한바탕 우렁차게 울면--더구나 그것이 저녁녘이어서 등불들이 어둠 속에 깜박거릴 무렵이면 늘 당하는 것이건만 허생원은 변치 않고 언제든지 가슴이 뛰놀았다.

젊은 시절에는 알뜰하게 벌어 돈푼이나 모아본 적도 있기는 있었으나, 읍내에 백중이 열린 해 호탕스럽게 놀고 투전[3]을 하고 하여 사흘 동안에 다 털어 버렸다. 나귀까지 팔게 된 판이었으나 애끓는 정분에 그것만은 이를 물고 단념하였다. 결국 도로 아미타불[4]로 장돌림을 다시 시작할 수밖에는 없었다. 짐승을 데리고 읍내를 도망해 나왔을 때에는 너를 팔지 않기 다행이었다고 길가에서 울면서 짐승의 등을 어루만졌던 것이었다. 빚을 지기 시작하니 재산을 모을 염[5]은 당초에[6] 틀리고 간신히 입에 풀칠을 하러 장에서 장으로 돌아다니게 되었다.

호탕스럽게 놀았다고는 하여도 계집 하나 후려[7]보지는 못하였다. 계집이란 쌀쌀하고 매정한 것이었다. 평생 인연이 없는 것이라고 신세가 서글퍼졌다. 일신에 가까운 것이라고는 언제나 변함없는 한 필의 당나귀였다.

그렇다고는 하여도 꼭 한 번의 첫 일을 잊을 수는 없었다. 뒤에도 처음에도 없는 단 한 번의 괴이한 인연! 봉평에 다니기 시작한 젊은 시절의 일이었으나 그것을 생각할 적만은 그도 산 보람을 느꼈다.

"달밤이었으나 어떻게 해서 그렇게 됐는지 지금 생각해도 도무지 알 수 없어."

허생원은 오늘밤도 또 그 이야기를 끄집어내려는 것이다. 조선달은 친구가 된 이래 귀에 못이 박히도록 들어왔다. 그렇다고 싫증을 낼 수도 없었으나 허생원은 시치미를 떼고 되풀이할 대로는 되풀이하고야 말았다.

3 노름 도구의 하나
4 보다 낫게 하려고 애쓴 일이 소용없이 되어 처음과 마찬가지로 되었음을 이르는 말
5 무엇을 하려고 하는 마음이나 생각
6 처음에. 애초에
7 그럴듯하게 하여 사람을 꾀어 넘김

"달밤에는 그런 이야기가 격에 맞거든,"

조선달 편을 바라는 보았으나 물론 미안해서가 아니라 달빛에 감동하여서였다. 이지러는 졌으나 보름을 갓 지난달은 부드러운 빛을 흐뭇이 흘리고 있다. 대화까지는 팔십 리의 밤길, 고개를 둘이나 넘고 개울을 하나 건너고 벌판과 산길을 걸어야 된다. 길은 지금 긴 산허리에 걸려 있다. 밤중을 지난 무렵인지 죽은 듯이 고요한 속에서 짐승 같은 달의 숨소리가 손에 잡힐 듯이 들리며, 콩포기와 옥수수 잎새가 한층 달에 푸르게 젖었다. 산

허리는 온통 메밀밭이어서 피기 시작한 꽃이 소금을 뿌린 듯이 흐뭇한 달빛에 숨이 막힐 지경이다. 붉은 대궁[8]이 향기같이 애잔하고 나귀들의 걸음도 시원하다. 길이 좁은 까닭에 세 사람은 나귀를 타고 외줄로 늘어섰다. 방울소리가 시원스럽게 딸랑딸랑 메밀밭께로 흘러간다. 앞장선 허생원의 이야기소리는 꽁무니에 선 동이에게는 확적히는 안 들렸으나, 그는 그대로 개운한 제멋에 적적하지는 않았다.

"장 선 꼭 이런 날 밤이었네. 객줏집 토방[9]이란 무더워서 잠이 들어야지. 밤중은 돼서 혼자 일어나 개울가에 목욕하러 나갔지. 봉평은 지금이나 그제나 마찬가지지. 보이는 곳마다 메밀밭이어서 개울가가 어디 없이 하얀 꽃이야. 돌밭에 벗어도 좋을 것을, 달이 너무나 밝은 까닭에 옷을 벗으러 물방

---

8 '대'의 방언
9 마루를 놓을 수 있게 된 처마 밑의 땅

앗간으로 들어가지 않았나. 이상한 일도 많지. 거기서 난데없는 성서방네 처녀와 마주쳤단 말이네. 봉평서야 제일가는 일색[10]이었지……"

"팔자에 있었나부지."

아무렴 하고 응답하면서 말머리를 아끼는 듯이 한참이나 담배를 빨 뿐이었다. 구수한 자줏빛 연기가 밤기운 속에 흘러서는 녹았다.

"날 기다린 것은 아니었으나 그렇다고 달리 기다리는 놈팽이가 있는 것두 아니었네. 처녀는 울고 있단 말야. 짐작은 대고 있으나 성서방네는 한창 어려워서 들고날 판인 때였지. 한집안 일이니 딸에겐들 걱정이 없을 리 있겠나? 좋은 데만 있으면 시집도 보내련만 시집은 죽어도 싫다지……그러나 처녀란 울 때같이 정을 끄는 때가 있을까. 처음에는 놀라기도 한 눈치였으나 걱정 있을 때는 누그러지기도 쉬운 듯해서 이럭저럭 이야기가 되었네……생각하면 무섭고도 기막힌 밤이었어."

"제천인지로 줄행랑[11]을 놓은 건 그 다음날이렷다."

"다음 장도막[12]에는 벌써 온 집안이 사라진 뒤였네. 장판은 소문에 발끈 뒤집혀 고작해야 술집에 팔려가기가 상수[13]라고 처녀의 뒷공론[14]이 자자들 하단 말이야. 제천 장판을 몇 번이나 뒤졌겠나. 허나 처녀의 꼴은 꿩궈먹은 자리야. 첫날밤이 마지막 밤이었지. 그때부터 봉평이 마음에 든 것이 반평생을 두고 다니게 되었네. 반평생인들 잊을 수 있겠나."

"수 좋았지. 그렇게 신통한 일이란 쉽지 않아. 항용 못난 것 얻어 새끼 낳고, 걱정 늘고 생각만 해두 진저리가 나지……그러나 늙으막바지까지 장돌뱅이로 지내기도 힘드는 노릇 아닌가? 난 가을까지만 하구 이 생계와두 하직하려네. 대화쯤에 조그만 전방이나 하나 벌이구 식구들을 부르겠어. 사시장천 뚜벅뚜벅 걷기란 여간이래야

---

10 특별히 뛰어난 미인
11 '도망'의 속된 말
12 장날에서 다음 장날까지의 동안
13 어느 관계를 통하여 변하지 않는 일정한 값을 가진 수나 양
14 일이 다 끝난 뒤에야 쓸데없이 하는 말. 나서서 하지 않고 뒤에서 쑥덕거리는 짓

지."

"옛 처녀나 만나면 같이나 살까..... 난 거꾸러질 때까지 이 길 걷고 저 달 볼 테야."

산길을 벗어나니 큰길로 틔어졌다. 꽁무니의 동이도 앞으로 나서 나귀들은 가로 늘어섰다.

"총각두 젊겠다, 지금이 한창 시절이렷다. 충줏집에서는 그만 실수를 해서 그 꼴이 되었으나 섧게 생각 말게."

"처 천만에요. 되려 부끄러워요. 계집이란 지금 웬 제격인가요. 자나깨나 어머니 생각뿐인데요."

허생원의 이야기로 실심해 한 끝이라 동이의 어조는 한풀 수그러진 것이었다.

"아비 어미란 말에 가슴이 터지는 것도 같았으나 제겐 아버지가 없어요. 피붙이라고는 어머니 하나뿐인걸요."

"돌아가셨나?"

"당초부터 없어요."

"그런 법이 세상에"

생원과 선달이 야단스럽게 껄껄들 웃으니 동이는 정색하고 우길 수밖에는 없었다.

"부끄러워서 말하지 않으려 했으나 정말예요. 제천 촌에서 달도 차지 않은 아이를 낳고 어머니는 집을 쫓겨났죠. 우스운 이야기나, 그러기 때문에 지금까지 아버지 얼굴도 본 적 없고 있는 고장도 모르고 지내와요."

고개가 앞에 놓인 까닭에 세 사람은 나귀를 내렸다. 둔덕[15]은 험하고 입을 벌리기도 대근하여 이야기는 한동안 끊겼다. 나귀는 건듯하면 미끄러졌다. 허생원은 숨이 차 몇 번이고 다리를 쉬지 않으면 안 되었다. 고개를 넘을 때마다 나이가 알렸다. 동이같은 젊은 축이 그지없이 부러웠다. 땀이 등을 한바탕 쪽 씻어 내렸다.

---

15 '언덕'의 방언. 땅의 가운데가 솟아서 볼록하게 언덕이 진 곳

한국 현대 소설

고개 너머는 바로 개울이었다. 장마에 흘러버린 널다리가 아직도 걸리지 않은 채로 있는 까닭에 벗고 건너야 되었다. 고의[16]를 벗어 띠로 등에 얽어매고 반 벌거숭이의 우스꽝스런 꼴로 물 속에 뛰어들었다. 금방 땀을 흘린 뒤였으나 밤 물은 뼈를 찔렀다.

"그래 대체 기르긴 누가 기르구?"

"어머니는 하는 수 없이 의부[17]를 얻어가서 술장사를 시작했죠. 술이 고주래서 의부라고 전 망나니예요. 철들어서부터 맞기 시작한 것이 하룬들 편한 날 있었을까. 어머니는 말리다가 채이고 맞고 칼부림을 당하고 하니 집 꼴이 무어겠소. 열여덟 살 때 집을 뛰쳐나서부터 이 짓이죠."

"총각 낫세론 동이 무던하다고 생각했더니 듣고 보니 딱한 신세로군."

물은 깊어 허리까지 찼다. 속 물살도 어지간히 센데다가 발에 채이는 돌멩이도 미끄러워 금시에 훌칠 듯하였다. 나귀와 조선달은 재빨리 거의 건넜으나 동이는 허생원을 붙드느라고 두 사람은 훨씬 떨어졌다.

"모친의 친정은 원래부터 제천이었던가?"

"웬걸요. 시원스리 말은 안 해주나 봉평이라는 것만은 들었죠."

"봉평, 그래 그 아비 성은 무엇이구?"

"알 수 있나요. 도무지 듣지를 못했으니까."

"그 그렇겠지."

하고 중얼거리며 흐려지는 눈을 까물까물하다가 허생원은 경망[18]하게도 발을 빗디디었다. 앞으로 고꾸라지기가 바쁘게 몸째 풍덩 빠져버렸다. 허위적거

---

16 남자의 여름 홑바지
17 어머니가 개가하여 얻은 양아버지
18 말이나 행동 따위가 매우 가볍고 방정맞음

릴수록 몸을 걷잡을 수 없어 동이가 소리를 치며 가까이 왔을 때에는 벌써 퍽으나 흘렀었다. 옷째 쭐딱 젖으니 물에 젖은 개보다도 참혹한 꼴이었다. 동이는 물 속에서 어른을 해깝게[19] 업을 수 있었다. 젖었다고는 하여도 여윈 몸이라 장정 등에는 오히려 가벼웠다.

"이렇게까지 해서 안됐네. 내 오늘은 정신이 빠진 모양이야."

"염려하실 것 없어요."

"그래 모친은 아비를 찾지는 않는 눈치지?"

"늘 한번 만나고 싶다고는 하는데요."

"지금 어디 계신가?"

"의부와도 갈라져 제천에 있죠. 가을에는 봉평에 모셔오려고 생각 중인데요. 이를 물고 벌면 이럭저럭 살아갈 수 있겠죠."

"아무렴, 기특한 생각이야. 가을이랬다?"

동이의 탐탁한 등어리가 뼈에 사무쳐 따뜻하다. 물을 다 건넜을 때에는 도리어 서글픈 생각에 좀 더 업혔으면도 하였다.

"진종일 실수만 하니 웬일이요, 생원."

조선달이 바라보며 기어코 웃음이 터졌다.

"나귀야, 나귀 생각하다 실족[20]을 했어. 말 안했던가. 저 꼴에 제법 새끼를 얻었단 말이지. 읍내 강릉집 피마에게 말일세. 귀를 쫑긋 세우고 달랑달랑 뛰는 것이 나귀새끼같이 귀여운 것이 있을까. 그것 보러 나는 일부러 읍내를 도는 때가 있다네."

"사람을 물에 빠뜨릴 젠 딴은 대단한 나귀새끼군."

허생원은 젖은 옷을 웬만큼 짜서 입었다. 이가 덜덜 갈리고 가슴이 떨리며 몹시도 추웠으나 마음은 알 수 없이 둥실둥실 가벼웠다.

"주막까지 부지런히들 가세나. 뜰에 불을 피우고 훗훗이 쉬어. 나귀에겐 더운 물을

---

19 '가볍게'의 경상도 방언
20 발을 잘못 디디다

끓여주고, 내일 대화장 보고는 제천이다."

"생원도 제천으로?....."

"오래간만에 가보고 싶어. 동행하려나 동이?"

나귀가 걷기 시작하였을 때, 동이의 채찍은 왼손에 있었다. 오랫동안 아둑시니[21]같이 눈이 어둡던 허생원도 요번만은 동이의 왼손잡이가 눈에 띄지 않을 수 없었다.

걸음도 해깝고 방울소리가 밤 벌판에 한층 청청하게 울렸다.

달이 어지간히 기울어졌다.

---

21 어둠의 귀신

생각하기

1 이 소설의 주제는 무엇일까요?

   _____
   _____
   _____

2 이 소설의 배경은 어디 인가요?

   _____

3 이 글의 내용으로 보아 허생원과 동이가 왼손잡이라는 것은 무엇을 암시할까요?

   _____

4 '산허리는 온통 메밀밭이어서 피기 시작한 꽃이 소금을 뿌린 듯이 흐뭇한 달빛에 숨이 막힐 지경이다.' 이 부분을 그림으로 그려 보세요.

5 소설 "메밀꽃 필 무렵"의 줄거리를 쓰세요.

4 염상섭

두 파산

염상섭(1897~1963). 소설가.
본명은 상섭(尙燮). 호는 제월(霽月), 횡보(橫步).

작품 발표 연도	소설 〈두 파산〉은 『신천지』에 1949년 발표
대표 작품	〈표본실의 청개구리〉,〈암야〉,〈제야〉,〈만세전〉,〈삼대〉,〈무화과〉,〈두 파산〉,〈취우 驟雨〉
작품 경향	당시 사회의 생활상을 세밀하게 묘사한 리얼리즘 문학을 확립하고 식민지적 현실을 부정하고 전통을 계승하고자 하였다.

[주요 내용]

정례어머니는 여학교 앞에서 문방구를 한다. 별 수입 없이 정치판이나 이리저리 기웃거리는 남편을 믿고 있다간 굶어죽을 판이다. 그래서 정례 어머니는 은행 빚을 얻어 가게를 연 것이다. 장사가 어려울 때 옛 동창생 김옥임에게 빚을 얻어 운영하였는데, 남편 사업까지 실패하게 되어 빚은 이자도 갚기 어려운 상황이다.

옥임은 교장에게 빚을 진 게 있다. 옥임은 교장에게 진 빚을 정례 모친한테 대신 받으라고 하고 교장은 정례 모친에게 틈만 나면 빚을 갚으라고 독촉을 한다. 이에 더 이상 견디지 못하고 정례 모친은 학용품점을 처분하여 빚을 갚고는 허탈감에 앓아 눕는다. 그러나 성격이 욱한 남편은 어수룩한 자동차로 옥임이에게 사기칠 궁리를 한다.

친구인 김옥임은 한 때는 문학을 사랑하고 여성해방운동을 찬양하는 신여성임을 자처하였지만 도지사 대감의 후실로 들어가고 자식도 없이 지금은 중풍까지 앓고 있는 병든 남편 때문에 정례 어머니를 보면 화가 치밀어 오르는 것이었다. 왜냐하면 정례 어머니는 돈은 없지만 허우대 좋은 젊은 남편에 건장한 두 아들이 있기 때문이다. 따라서 옥임이는 고리대금에서 삶의 재미를 찾고 이를 정례 어머니는 성격 파산자로 몰아 부친다. 그리고 정례 어머니의 경제적 실패를 옥임이는 경제적 파산이라고 한다.

[작품]

"어머니, 교장 또 오는군요."

학교가 파한 뒤다. 갑자기 조용해진 상점 앞길을 열어 놓은 유리창 밖으로 내다보고 등상에 앉았던 정례가 눈살을 찌푸리며 돌아다본다. 그렇지 않아도 돈 걱정에 팔려서 테이블 앞에 멀거니 앉았던 정례 모친도 저절로 양미간이 짜붓하여졌다[1]. 점방 안에서 학교를 파해 가는 길에 공짜 만화를 보느라고 아이들이 저편 구석 진열대에 옹기종기 몰려섰다가, 교장이라는 말에 귀가 번쩍하였는지 조그만 얼굴들을 쳐든다. 그러나 모시 두루마기 자락을 펄럭이며, 우둥퉁한 중늙은이가 단장을 짚고 쑥 들어오는 것을 보고, 학생들은 저희끼리 눈짓을 하고 킥킥 웃어버린다. 저희 학교 교장이 나온다는 줄 알았던 모양이다.

"어째 이렇게 쓸쓸하우?"

영감은 언제나 오면 하는 버릇으로 상점 안을 휘휘 둘러보며 말을 건다.

"어서 오십쇼. 아침 한때와 점심 한나절이 한참 붐비죠. 지금쯤이야 다 파해 가지 않았어요."

안주인은 일어나지도 않고 앉은 채 무관히 대꾸를 하였다. 교장은 정례가 앉았던 등상[2]을 내어 주니까 대신 걸터앉으며,

"딴은 그렇겠군요. 그래도 팔리는거야 여전하겠죠?"

하고, 눈이 저절로 테이블 위의 손금고로 갔다. 이 역시 올 때마다 늘 캐어묻는 말이지마는, 또 무슨 딴 까닭이 있어 붙이는 수작 같아서 정례 어머니는,

"그야 다소 들쭉날쭉야 있죠마는 원 요새 같아서는……"

하고, 시들히 대답하여 준다.

"어쨌든 좌처[3]가 좋으니까…… 하루에 두어 번쯤 바쁘고, 편히 앉아서 네다섯 식구

---

1 인상을 써서 미간이나 눈에 주름이 있다
2 나무로 만든 걸상
3 지금 앉아 있는 그 자리. 장사 터

가 뜯어먹구 살면야 아낙네 소일루 그만 장사가 어디 있을까마는, 그래 그리구두 빚에 쫄리다니 알 수 없는 일이로군."

왜 그런지 이 영감이 싫고, 멸시하는 정례는 '누가 해달라는 걱정인감!'하는 생각에 입이 삐죽하여졌다.

"날마다 쓸쓸히 나가기야 하지만, 원체 물건이 자(細)⁴니까 남는 게 변변해야죠?"

여주인은 마지못해 늘 하는 수작을 뇌었다. 그러나 오늘은 이 영감이 더 유난히 물건 쌓인 것이며, 진열장에 늘어 놓인 것을 눈여겨보는 것이었다. 정례 모녀는 그 뜻을 짐작하겠느니만큼 더욱 불쾌하였다.

여기는 여자 중학교와 국민학교가 길 건너로 마주 붙은 네거리에서 조금 외진 골목 안이기는 하나, 두 학교를 상대로 하고 벌인 학용품 상점으로는 그야말로 좌처가 좋은 셈이다. 원래는 선술집이었다던가 하는 방 한 칸 달린 이 점방을 작년 봄에 팔천 원 월세로 얻어 가지고, 이것을 벌이고 앉을 제 국민학교 앞에는 벌써 매점이 있어서 어떨까도 하였으나, 여학교만은 시작하기 전부터 아는 선생을 세워 놓고, 선전도 하고 특약하다시피 하였던 관계인지 이때껏 재미를 보는 편이지, 이 장삿속으로만은 꿀리는 셈속은 아니다.

"이번에 두 달 셈을 한꺼번에 드리쟀더니 또 역시 꿀립니다그려. 우선 밀린 거 한 달치만 받아 가시죠."

정례 어머니는 테이블 위에 놓인 손금고를 땡그렁 열고서 백 원짜리를 척척 센다.

"이번에는 본전⁵까지 될 줄 알았는데 이자나마 또 밀리니…. 장사는 깔쭉없이 잘 되는데 그 원, 어째 그렇단 말씀유?"

하며, 영감은 혀를 찬다. 저편에서 만화를 보며 소근거리던 아이들은 교장이라던 이 늙은이가 본전이니 변리⁶니 하는 소리에 눈들이 휘둥그래서 건너다본다.

---

4 물건이 자잘하고 값 싼
5 장사나 사업을 처음 시작할 때 들어간 돈
6 대출금이나 빚돈에 대하여 일정한 비율로 무는 이자

"칠천오백 원입니다. 세보십쇼. 그러니, 댁 한 군데야 말이죠. 제일 무거운 짐이 아시다시피 김옥임네 십만 원의 일 할 오 부, 일만 오천 원이죠. 은행 조건 삼십만원의 이자가 또 있죠. 기껏 벌어서 남 좋은 일 하는 거예요. 당신에게 이자 벌어드리고 앉았는 셈이죠."

영감은 옆에서 주인댁이 하는 말은 귀담아듣지도 않고 골똘히 돈을 세더니, 커다란 검정 헝겊 주머니를 허리춤에서 꺼내놓는다. 옆에 섰는 정례는 그 돈이 아깝고 영감의 푸둥푸둥한 손까지 밉기도 하여 가만히 내려다보고 있으려니까,

"그래, 이 달치는 또 언제쯤 들르리까? 급히 내가 쓸데가 있으니까 아무래도 본전까지 해주어야 하겠는데……"

하고, 아까와는 딴판으로 퉁명스럽게 볼멘소리를 하였다. 만화를 들여다보던 아이들은 또 한번 이편을 건너다본다.

보얗고 점잖게 생긴 신수가 딴은 교장 선생 같고, 거기다가 양복이나 입고 운동장의 교단에 올라서면 저희들도 움찔하려니 싶은 생각이 드는데, 이잣돈을 받아들고 나서도 또 조르고 투덜대는 소리를 들으니, 설마 저런 교장이 있으랴 싶어 저희들끼리 또 눈짓을 하였다.

"되는 대로 갖다드리죠. 하지만, 본전은 조금만 더 참아주십쇼. 선생님 같은 어른이 돈 오 만원쯤에 무얼 그렇게 시급히 구십니까?"

정례 어머니는 본전을 해내라는 데에 얼레발을 치며 설설 기는 수작을 한다.

"아니, 이자 안 물구 어서 갚는 게 수가 아니겠나요?"

"선생님두 속 시원하신 말씀두 하십니다."

정례 어머니는 기가 막혀 웃어 보인다.

"참, 그런데 김옥임 여사가 무어라지 않습니까?"

그만 일어설 줄 알았던 교장은 담배를 붙여 새판으로 말을 꺼낸다.

"왜 무어라구 해요?"

정례 모녀는 무슨 말이 나오려는지 벌써 알아차리고 입이 삐죽하여졌다.

"글쎄, 그 이십만 원 조건을 대지루구 날더러 예서 받아가려니, 그래 어떻게들 이야기가 귀정[7]이 났나요?"

영감의 말이 떨어지기가 무섭게 정례는 잔뜩 벼르고 있었던 듯이 모친을 앞장을 서서 가로 탄한다.

"교장 선생님! 그 따위 경위 없는 말이 어디 있어요? 그건 요나마 우리 가게를 판들어 먹게 하구 말겠단 말이지 뭐예요?"

"응? 교장이라니? 교장은 별안간 무슨 교장?……허허허."

영감은 허청[8] 나오는 웃음을 터뜨리며 저편 아이들을 잠깐 거들떠보고 나서,

"글세, 그러니 빤히 사정을 아는 터에 이럴 수도 없고 저럴 수도 없고……"

하며, 말끝을 어물어물해버린다. 이 영감이 해방 전까지는 어느 시골에선지 오랫동안 보통 학교 교장 노릇을 하였다는 말을 옥임에게서 들었기에 이 집에서는 이름은 자세히 모르고 하여 '교장', '교장'하고 불러왔던 것이 입버릇으로 급히 튀어나온 말이나, 고리대금업[9]의 패를 차고 나선 지금에 그것은 내세우기도 싫고, 더구나 저런 소학교 아이들 앞에서는 창피한 생각도 드는 눈치였다.

… 생략 …

"오늘은 아퀴[10]를 지어 주시렵니까? 언제 갚으나 갚고 말 것인데 그걸루 의 상할 거야 있나요?

이튿날 교장이 슬쩍 들러서 매우 점잖은 수작을 하는 것이다.

"이렇게 말씀드리면 교장 선생님부터가 어떻게 들으실지 모르지만 김옥임이가 그

---

7 어떤 일이 잘못되어 가다가 바른길로 돌아옴
8 겉으로만 내는 거짓 소리
9 비싼 이자로 돈놀이를 하는 영업
10 어수선한 일을 정돈하여 마무리하는 끝매듭

렇게 되다니 불쌍해 못 견디겠어요. 예전에 셰익스피어의 원서를 끼구 다니구, 〈인형의 집〉에 신이 나 하구, 엘렌 케이의 숭배자요 하던 그런 옥임이가, 동냥자루 같은 돈 전대를 차구 나서면 세상이 모두 노란 돈닢으로 보이는지? 어린애 코묻은 돈푼이나 바라고 이런 구멍가게에 나와 앉었는 나두 불쌍한 신세이지마는 난 옥임이가 가엾어서 어제 울었습니다. 난 살림이나 파산[11]지경이지 옥임이는 성격 파산인가 보드군요……."

정례 어머니는 분하다 할지, 딱하다 할지, 속에 맺히고 서린 불쾌한 감정을 스스로 풀어 버리려는 듯이 웃으며 하소연을 하는 것이었다.

"그런 말씀을 하시니 나두 듣기에 좀 괴란쩍습니다마는 다 어려운 세상에 살자니까 그런 거죠. 별수 있나요? 그래도 제 돈 내놓고 싸든 비싸든 이자라고 명토 있는 돈을 어엿이 받아먹는 것은 아직도 양심이 있는 생활입니다. 입만 가지고 속여먹고, 등쳐먹고, 알로 먹고, 꿩으로 먹는 허울좋은 불한당 아니고는 밥알이 올곧게 들어가지 못하는 지금 세상 아닙니까……허허허."

하고 교장은 자기 변명인지 옥임이 역성인지를 하는 것이었다.

이 날 정례 어머니는 딸이 옆에서 한사코 말리며,

"그따위 돈은 안 갚아도 좋으니 정장을 하든 어쩌든 마음대로 하라구 내버려두세요."

하며 팔팔 뛰는 것을 모른체하고, 이십만 환 표에 이만 환 현금을 얹어서 옥임이 갖다가 주라고 내놓았다.

정례 모친은 그 후 두 달 걸려서 교장 영감의 오만 환 빚은 갚았으나, 석 달째 가서는 이 상점 주인이 바뀌어 들고야 말았다. 정말 교장 영감의 조카가 나서나 하였더니 교장의 딸 내외가 들어앉았다. 상점을 내놓고 만 바에는 자질구레한 셈속을 따진대야 죽은 아이 귀 만져보기지 별 수 없지마는, 하여튼 이십만 환의 석달 변리금 팔

---

11 개인이나 기업이 재산을 모두 날려 버리고 망함

만 환마저 못 찾고 두손 털고 나선 것을 보면, 그 팔만 환을 아끼고 남은 십팔만 환이 점방의 설비와 남은 물건 값으로 치운 것이었다. 물론 옥임이가 뒤에 앉아 맡은 것이나, 권리 값으로 오만 환 더 얹어서 교장 영감에게 팔아 넘긴 것이었다. 옥임이는 좀 더 남겨 먹었을 것이로되, 교장 영감이 그 빚 받아 내는 데에 공로가 있었기 때문에 오만 환만 얹어 먹고 말았다. 또 교장은 이북에서 내려온 딸 내외에게는 똑 알맞은 장사라는 생각이 있어서 애초부터 침을 삼키고 눈독을 들이던 것이라. 이 상점을 손에 넣으려고 애도 썼지마는, 매득[12]하였다고 좋아하였다.

정례 모녀는 일년 반 동안이나 죽도록 벌어서 죽 쑤어 개 좋은 일한 셈이라고 절통을 하였으나 그보다도 정례 모친은 오래간만에 몸 편해져서 그렇기도 하였겠지마는 몸살 감기에 울화가 터져서 그만 누운 것이 반달이나 끌었다.

"마누라, 염려 말아요. 김옥임이 돈쯤 먹자만 들면 삼사십만 원금 금세루 녹여 내. 가만있어요."

정례 부친은 앓는 마누라 앞에 앉아서 이렇게 위로하였다.

"옥임이 돈을 먹자는 것두 아니지마는 무슨 재주루."

마누라는 말리는 것도 아니요, 부채질하는 것도 아닌 소리를 하였다.

"김옥임이도 요새 자동차를 놀려 보고 싶어한다는데, 마침 어수룩한 자동차 한 대가 나섰단 말이지. 조금만 참아요. 우리 집문서는 아무래두 김옥임 여사의 돈으로 찾아 놓고 말 것이니……."

하며 정례 부친은 앓는 아내를 위하여 뱃속 유하게 껄껄 웃었다.

---

12 무엇을 싼값으로 삼

생각하기

1 이 소설의 주제는 무엇일까요?

_____
_____
_____
_____

2 제목 '두 파산'은 무엇을 말하나요?

_____
_____
_____
_____

3 문학소녀였던 옥임이 고리대금업자로 변한 것은 무엇 때문일까요?

_____
_____
_____
_____

4 소설 "두 파산"의 줄거리를 쓰세요.

5 황순원

소나기

황순원(1915-2000). 소설가. 시인.
자(字)는 만강(晩岡).

작가 소개	1931년 7월 『동광(東光)』에 시 〈나의 꿈〉을 발표하면서 등단.
작품 발표 연도	소설 〈소나기〉는 1953년에 발표.
대표 작품	〈나의 꿈〉, 〈돼지系〉, 〈소나기〉, 〈카인의 후예〉
작품 경향	소박하면서도 휴머니즘의 정신과 한국인의 전통적인 삶에 대한 애정 등을 간결하면서도 세련된 문체로 서정적인 아름다움을 나타내고 있다.

[주요 내용]

　소년은 서울에서 내려 온 윤초시의 손녀딸을 처음 보고 호감이 갔다. 그러나 수줍음이 많고 내성적이라 소녀에게 적극적으로 마음을 표현하지 못하고 소녀는 서울에 살다 시골에 와 보니 모든 것이 낯설어 소년과 친하게 지내고 싶었다.

　어느 날 소녀가 징검다리 한가운데서 물장난을 하고 있었다. 수줍음이 많은 소년은 길을 건너지 못하고 둑에 앉아서 소녀가 비켜주기만을 기다린다. 그 때 소녀는 하얀 조약돌 집어 '이 바보'하며 소년 쪽으로 던지고는 단발머리를 나풀거리며 막 달려간다. 소녀에게 관심이 있는 소년은 그 조약돌을 간직하면서 소녀가 그리워질 때면 조약돌을 만지작거린다.

　그러던 어느 날 그 개울가에서 소년은 소녀를 다시 만나게 된다. 시골 환경이 낯설고 궁금한 소녀는 '너 저 산 너머에 가 본 일이 있니?'하며 소년에게 물었다. 그곳은 소년에게는 늘 놀이터처럼 다니던 곳이라 소녀를 데리고 산으로 오른다.

　가는 길에 무우도 뽑아 먹고 논에 세워 놓은 허수아비를 흔들어 보기도 하면서 논길을

달려 여러 가지 꽃들이 어우러진 산에 닿았다. 소년은 꽃을 한묶음 따다가 소녀에게 건넨다. 마냥 즐거워하던 소녀가 자기도 비탈진 곳에 핀 꽃을 꺾다가 무릎을 다치자 소년은 부끄러움도 잊은 채 상처난 곳을 입으로 빨고 그 자리에 송진을 발라 주었다. 그리고 소년은 소녀가 흉내 내지 못할 자신만이 할 수 있는 일인 양 자랑스럽게 소녀

앞에서 송아지를 타기도 하였다.

그 때 갑자기 사방이 어두워지더니 소나기가 내리기 시작했다. 그들은 비를 피하기 위해 원두막으로 들어갔으나 지붕이 새는 바람에 비를 피할 수 없었다. 소녀는 추위에 떨고 있었고, 이를 본 소년은 수숫단을 가져와 자리를 만들고 수숫단 속에서 소녀가 비를 피할 수 있게 해 주었다. 그러나 추운 건 소년도 마찬가지였다. 수숫단 속의 좁은 공간에서 둘이 비를 피하면서 둘 사이의 거리는 성큼 가까워졌다.

비가 그치고 집으로 돌아오는 길에 보니 개울의 물이 엄청나게 불어 있었다. 겁먹은 소녀에게 소년이 등을 돌려 대자 소녀는 순순히 업히어 소년의 목을 끌어안고 건널 수 있었다.

그 후 며칠 동안 소녀가 보이지 않자 소년은 소녀가 궁금하기도 하고 보고 싶기도 해 애꿎은 조약돌만 만지작거린다. 그러던 어느 날 개울가에 나와 있는 소녀를 만나게 된다. 그동안 소녀는 앓았던 것이다. 소녀는 자신의 분홍빛 스웨타를 내려다보면서 "그 날, 도랑을 건너면서 내가 업힌 일이 있지? 그 때, 네 등에서 옮은 물이다." 소녀의 말을 듣고 소년은 부끄러움에 얼굴이 확 달아오름을 느꼈다. 이 날 헤어지면서 소녀는 곧 이사 가게 되었다고 소식을 전하였다. 그 말을 하는 소녀의 눈동자에서는 쓸쓸한 빛이 흐르고 있었다.

소년은 소녀에게 줄 호두를 따서 만지작거리면서 '이사 가는 걸 가보나 어쩌나. 가면 소녀를 보게 될까 어떨까' 하다가 잠자리에 들었다. 잠이 들락말락하던 소년은 마을 갔다 온 아버지에게서 소녀가 죽었다는 것을 알게 되었다. 그리고 소녀가 죽을 때 "자기가 입던 옷을 그대로 입혀서 묻어 달라."는 유언을 남겼다는 이야기를 듣게 된다.

[작품]

　소년은 개울가에서 소녀를 보자 곧 윤 초시네 증손녀[1](曾孫女)딸이라는 걸 알 수 있었다.
　소녀는 개울에다 손을 잠그고 물장난을 하고 있는 것이다. 서울서는 이런 개울물을 보지 못하기나 한 듯이.
　벌써 며칠째 소녀는, 학교에서 돌아오는 길에 물장난이었다. 그런데, 어제까지 개울 기슭에서 하더니, 오늘은 징검다리 한가운데 앉아서 하고 있다.
　소년은 개울둑에 앉아 버렸다. 소녀가 비키기를 기다리자는 것이다.
　요행 지나가는 사람이 있어, 소녀가 길을 비켜 주었다.
　다음 날은 좀 늦게 개울가로 나왔다. 이 날은 소녀가 징검다리 한가운데 앉아 세수를 하고 있었다. 분홍 스웨터 소매를 걷어올린 목덜미가 마냥 희었다. 한참 세수를 하고 나더니, 이번에는 물속을 빤히 들여다 본다. 얼굴이라도 비추어 보는 것이리라. 갑자기 물을 움켜 낸다. 고기 새끼라도 지나가는 듯.
　소녀는 소년이 개울둑에 앉아 있는 걸 아는지 모르는지 그냥 날쌔게 물만 움켜 낸다. 그러나, 번번이 허탕[2]이다.
　그대로 재미있는 양, 자꾸 물만 움킨다. 어제처럼 개울을 건너는 사람이 있어야 길을 비킬 모양이다. 그러다가 소녀가 물속에서 무엇을 하나 집어낸다. 하얀 조약돌이었다. 그리고는 벌떡 일어나 팔짝팔짝 징검다리를 뛰어 건너간다.

1　손자의 딸
2　어떤 일을 시도하였다가 아무런 소득이나 이익이 없이 일을 끝냄

다 건너가더니만 홱 이리로 돌아서며, "이 바보." 조약돌이 날아왔다. 소년은 저도 모르게 벌떡 일어섰다. 단발 머리를 나풀거리며 소녀가 막 달린다. 갈밭 사잇길로 들어섰다. 뒤에는 청량한 가을 햇살 아래 빛나는 갈꽃 뿐.

이제 저쯤 갈밭머리로 소녀가 나타나리라. 꽤 오랜 시간이 지났다고 생각됐다. 그런데도 소녀는 나타나지 않는다. 발돋움을 했다. 그러고도 상당한 시간이 지났다고 생각됐다.

저 쪽 갈밭머리에 갈꽃이 한 옴큼 움직였다. 소녀가 갈꽃을 안고 있었다. 그리고 이제는 천천한 걸음이었다. 유난히 맑은 가을 햇살이 소녀의 갈꽃머리에서 반짝거렸다. 소녀 아닌 갈꽃이 들길을 걸어가는 것만 같았다.

소년은 이 갈꽃이 아주 뵈지 않게 되기까지 그대로 서 있었다. 문득, 소녀가 던진 조약돌을 내려다보았다. 물기가 걷혀 있었다. 소년은 조약돌을 집어 주머니에 넣었다.

다음 날부터 좀 더 늦게 개울가로 나왔다. 소녀의 그림자가 뵈지 않았다. 다행이었다. 그러나, 이상한 일이었다. 소녀의 그림자가 뵈지 않는 날이 계속될수록 소년의 가슴 한 구석에는 어딘가 허전함이 자리 잡는 것이었다. 주머니 속 조약돌을 주무르는 버릇이 생겼다.

그러한 어떤 날, 소년은 전에 소녀가 앉아 물장난을 하던 징검다리 한가운데에 앉아 보았다. 물속에 손을 잠갔다. 세수를 하였다. 물속을 들여다보았다. 검게 탄 얼굴이 그대로 비치었다.

싫었다.

소년은 두 손으로 물속의 얼굴을 움키었다. 몇 번이고 움키었다. 그러다가 깜짝 놀라 일어나고 말았다. 소녀가 이리로 건너오고 있지 않느냐. '숨어서 내가 하는 일을 엿보고 있었구나.' 소년은 달리기를 시작했다. 디딤돌[3]을 헛디뎠다. 한 발이 물속에

---

3 개울 같은 곳에 놓아 디디고 건너가게 한 섬돌

빠졌다. 더 달렸다. 몸을 가릴 데가 있어 줬으면 좋겠다. 이 쪽 길에는 갈밭도 없다. 메밀밭이다. 전에 없이 메밀꽃 냄새가 짜릿하게 코를 찌른다고 생각됐다. 미간이 아찔했다. 찝찔한 액체가 입술에 흘러들었다.

코피였다.

소년은 한 손으로 코피를 훔쳐내면서 그냥 달렸다. 어디선가 '바보, 바보' 하는 소리가 자꾸만 뒤따라오는 것 같았다.

토요일이었다.

개울가에 이르니, 며칠째 보이지 않던 소녀가 건너편 가에 앉아 물장난을 하고 있었다. 모르는 체 징검다리를 건너기 시작했다. 얼마 전에 소녀 앞에서 한 번 실수를 했을 뿐, 여태 큰길 가듯이 건너던 징검다리를 오늘은 조심스럽게 건넌다.

"얘."

못 들은 체했다. 둑 위로 올라섰다.

"얘, 이게 무슨 조개지?"

자기도 모르게 돌아섰다. 소녀의 맑고 검은 눈과 마주쳤다. 얼른 소녀의 손바닥으로 눈을 떨구었다.

"비단조개."

"이름도 참 곱다."

갈림길에 왔다. 여기서 소녀는 아래편으로 한 삼 마장⁴쯤, 소년은 우대로 한 십 리 가까운 길을 가야한다.

소녀가 걸음을 멈추며, "너, 저 산 너머에 가 본 일 있니?"

벌 끝을 가리켰다.

---

4 십리가 못 되는 곳을 이를 때 '리' 대신 쓰는 말

"없다."

"우리, 가보지 않으련? 시골 오니까 혼자서 심심해 못 견디겠다."

"저래 뵈도 멀다."

"멀면 얼마나 멀기에? 서울 있을 땐 사뭇[5] 먼 데까지 소풍 갔었다." 소녀의 눈이 금새 '바보, 바보,'할 것만 같았다.

논 사잇길로 들어섰다. 벼 가을걷이[6]하는 곁을 지났다.

허수아비가 서 있었다. 소년이 새끼줄을 흔들었다. 참새가 몇 마리 날아간다. '참, 오늘은 일찍 집으로 돌아가 텃논[7]의 참새를 봐야 할 걸.' 하는 생각이 든다.

"야, 재밌다!"

소녀가 허수아비 줄을 잡더니 흔들어 댄다. 허수아비가 자꾸 우쭐거리며 춤을 춘다. 소녀의 왼쪽 볼에 살포시 보조개가 패었다.

저만큼 허수아비가 또 서 있다. 소녀가 그리로 달려간다. 그 뒤를 소년도 달렸다. 오늘 같은 날 은 일찍 집으로 돌아가 집안일을 도와야 한다는 생각을 잊어버리기라도 하려는 듯이.

소녀의 곁을 스쳐 그냥 달린다. 메뚜기가 따끔따끔 얼굴에 와 부딪친다. 쪽빛으로 한껏 갠 가을 하늘이 소년의 눈앞에서 맴을 돈다. 어지럽다. 저놈의 독수리, 저놈의 독수리, 저놈의 독수리가 맴을 돌고 있기 때문이다.

돌아다보니, 소녀는 지금 자기가 지나쳐 온 허수아비를 흔들고 있다. 좀 전 허수아비보다 더 우쭐거린다.

---

5 사무칠 정도로 몹시
6 가을에 곡식을 거두어 들이는 일
7 집터에 딸리거나 마을 가까이 있는 논

논이 끝난 곳에 도랑이 하나 있었다. 소녀가 먼저 뛰어 건넜다. 거기서부터 산 밑까지는 밭이었다. 수숫단을 세워 놓은 밭머리를 지났다.

"저게 뭐니?"

"원두막."

"여기 참외, 맛있니?"

"그럼, 참외 맛도 좋지만 수박 맛은 더 좋다."

"하나 먹어 봤으면."

소년이 참외 그루에 심은 무우밭으로 들어가, 무우 두 밑을 뽑아 왔다. 아직 밑이 덜 들어 있었다.

잎을 비틀어 팽개친 후, 소녀에게 한 개 건넨다. 그리고는 이렇게 먹어야 한다는 듯이, 먼저 대강이를 한 입 베물어 낸 다음, 손톱으로 한 돌이 껍질을 벗겨 우쩍 깨문다.

소녀도 따라 했다. 그러나, 세 입도 못 먹고, "아, 맵고 지려." 하며 집어던지고 만다.

"참, 맛없어 못 먹겠다."

소년이 더 멀리 팽개쳐 버렸다.

산이 가까워졌다. 단풍이 눈에 따가웠다.

"야아!"

소녀가 산을 향해 달려갔다. 이번은 소년이 뒤따라 달리지 않았다. 그러고도 곧 소녀보다 더 많은 꽃을 꺾었다.

"이게 들국화, 이게 싸리꽃, 이게 도라지꽃,……."

"도라지꽃이 이렇게 예쁜 줄은 몰랐네. 난 보랏빛이 좋아! …… 그런데, 이 양산 같이 생긴 노란 꽃이

뭐지?"

"마타리꽃."

소녀는 마타리꽃을 양산 받듯이 해 보인다. 약간 상기된 얼굴에 살포시 보조개를 떠올리며. 다시 소년은 꽃 한 옴큼[8]을 꺾어 왔다. 싱싱한 꽃가지만 골라 소녀에게 건넨다.

그러나 소녀는

"하나도 버리지 마라."

산마루께로 올라갔다.

맞은편 골짜기에 오순도순 초가집이 몇 모여 있었다.

누가 말할 것도 아닌데, 바위에 나란히 걸터앉았다. 유달리 주위가 조용해진 것 같았다. 따가운 가을 햇살만이 말라가는 풀 냄새를 퍼뜨리고 있었다.

"저건 또 무슨 꽃이지?"

적잖이 비탈진 곳에 칡덩굴이 엉키어 꽃을 달고 있었다.

"꼭 등꽃 같네. 서울 우리 학교에 큰 등나무가 있었단다. 저 꽃을 보니까 등나무 밑에서 놀던 동무들 생각이 난다."

소녀가 조용히 일어나 비탈진 곳으로 간다. 꽃송이가 많이 달린 줄기를 잡고 끊기 시작한다. 좀처럼 끊어지지 않는다. 안간힘을 쓰다가 그만 미끄러지고 만다. 칡덩굴을 그러쥐었다.

소년이 놀라 달려갔다. 소녀가 손을 내밀었다. 손을 잡아 이끌어 올리며, 소년은 제가 꺾어다 줄 것을 잘못했다고 뉘우친다.

소녀의 오른쪽 무릎에 핏방울이 내맺혔다. 소년은 저도 모르게 생채기에 입술을 가져다 대고 빨기 시작했다. 그러다가, 무슨 생각을 했는지 홱 일어나 저 쪽으로 달려간다.

---

8 한 손에 옴켜쥔 만큼의 분량의 단위를 나타내는 말

좀 만에 숨이 차 돌아온 소년은

"이걸 바르면 낫는다."

송진을 생채기에다 문질러 바르고는 그 달음으로 칡덩굴 있는 데로 내려가, 꽃 많이 달린 몇 줄기를 이빨로 끊어 가지고 올라온다. 그리고는, "저기 송아지가 있다. 그리 가 보자." 누렁송아지였다. 아직 코뚜레도 꿰지 않았다. 소년이 고삐를 바투 잡아 쥐고 등을 긁어 주는 체 훌쩍 올라탔다. 송아지가 껑충거리며 돌아간다.

소녀의 흰 얼굴이, 분홍 스웨터가, 남색 스커트가, 안고 있는 꽃과 함께 범벅이 된다. 모두가 하나의 큰 꽃묶음 같다. 어지럽다. 그러나, 내리지 않으리라. 자랑스러웠다. 이것만은 소녀가 흉내 내지 못할, 자기 혼자만이 할 수 있는 일인 것이다.

"너희, 예서 뭣들 하느냐?"

농부(農夫) 하나가 억새풀 사이로 올라왔다.

송아지 등에서 뛰어내렸다. 어린 송아지를 타서 허리가 상하면 어쩌느냐고 꾸지람을 들을 것만 같다. 그런데, 나룻[9]이 긴 농부는 소녀 편을 한 번 훑어보고는 그저 송아지 고삐를 풀어 내면서,

"어서들 집으로 가거라. 소나기가 올라."

참, 먹장구름 한 장이 머리 위에 와 있다. 갑자기 사면이 소란스러워진 것 같다. 바람이 우수수 소리를 내며 지나간다. 삽시간[10]에 주위가 보랏빛으로 변했다.

산을 내려오는데, 떡갈나무 잎에서 빗방울 듣는 소리가 난다. 굵은 빗방울이었다. 목덜미가 선뜻 선뜻 했다. 그러자, 대번에 눈앞을 가로막는 빗줄기. 비안개 속에 원

---

9 수염
10 아주 짧은 시간

두막이 보였다. 그리로 가 비를 그을 수밖에. 그러나 원두막은 기둥이 기울고 지붕도 갈래갈래 찢어져 있었다. 그런 대로 비가 덜 새는 곳을 가려 소녀를 들어서게 했다. 소녀의 입술이 파아랗게 질렸다. 어깨를 자꾸 떨었다. 무명 겹저고리를 벗어 소녀의 어깨를 싸 주었다. 소녀는 비에 젖은 눈을 들어 한 번 쳐다보았을 뿐, 소년이 하는 대로 잠자코 있었다. 그리고는, 안고 온 꽃묶음 속에서 가지가 꺾이고 꽃이 일그러진 송이를 골라 발 밑에 버린다. 소녀가 들어선 곳도 비가 새기 시작했다. 더 거기서 비를 그을 수 없었다.

밖을 내다보던 소년이 무엇을 생각했는지 수수밭 쪽으로 달려간다. 세워 놓은 수숫단 속을 비집어 보더니, 옆의 수숫단을 날라다 덧세운다. 다시 속을 비집어 본다. 그리고는 이쪽을 향해 손짓을 한다.

수숫단 속은 비는 안 새었다. 그저 어둡고 좁은 게 안 됐다. 앞에 나앉은 소년은 그냥 비를 맞아야만 했다. 그런 소년의 어깨에서 김이 올랐다.

소녀가 속삭이듯이, 이리 들어와 앉으라고 했다. 괜찮다고 했다. 소녀가 다시, 들어와 앉으라고 했다. 할 수 없이 뒷걸음질을 쳤다. 그 바람에, 소녀가 안고 있는 꽃묶음이 망그러졌다. 그러나 소녀는 상관없다고 생각했다. 비에 젖은 소년의 몸 내음새가 확 코에 끼얹혀졌다. 그러나 고개를 돌리지 않았다. 도리어 소년의 몸 기운으로 해서 떨리던 몸이 적이 누그러지는 느낌이었다.

소란하던 수숫잎 소리가 뚝 그쳤다. 밖이 멀개졌다.

수숫단 속을 벗어 나왔다. 멀지 않은 앞쪽에 햇빛

이 눈부시게 내리붓고 있었다. 도랑 있는 곳까지 와보니, 엄청나게 물이 불어 있었다. 빛마저 제법 붉은 흙탕물이었다. 뛰어 건널 수가 없었다.

소년이 등을 돌려 댔다. 소녀가 순순히 업히었다. 걷어올린 소년의 잠방이[11]까지 물이 올라왔다. 소녀는 '어머나' 소리를 지르며 소년의 목을 끌어안았다.

개울가에 다다르기 전에, 가을 하늘이 언제 그랬는가 싶게 구름 한 점 없이 쪽빛으로 개어 있었다.

그 뒤로 소녀의 모습은 뵈지 않았다. 매일같이 개울가로 달려와 봐도 뵈지 않았다. 학교에서 쉬는 시간에 운동장을 살피기도 했다. 남 몰래 5학년 여자 반을 엿보기도 했다. 그러나, 뵈지 않았다.

그날도 소년은 주머니 속 흰 조약돌만 만지작거리며 개울가로 나왔다. 그랬더니, 이 쪽 개울둑에 소녀가 앉아 있는 게 아닌가.

소년은 가슴부터 두근거렸다.

"그 동안 앓았다."

어쩐지 소녀의 얼굴이 해쓱해져 있었다.

"그 날, 소나기 맞은 탓 아냐?"

소녀가 가만히 고개를 끄덕이었다.

"인제 다 났냐?"

"아직도……."

"그럼, 누워 있어야지."

"하도 갑갑해서 나왔다. ……참, 그 날 재밌었어……. 그런데 그 날 어디서 이런 물이 들었는지 잘 지지 않는다."

소녀가 분홍 스웨터 앞자락을 내려다본다. 거기에 검붉은 진흙물 같은 게 들어 있었다. 소녀가 가만히 보조개를 떠올리며, "그래 이게 무슨 물 같니?"

---

11 가랑이가 무릎까지 내려오게 지은 짧은 홀고의

소년은 스웨터 앞자락만 바라보고 있었다.

"내, 생각해 냈다. 그 날, 도랑을 건너면서 내가 업힌 일이 있지? 그 때, 네 등에서 옮은 물이다." 소년은 얼굴이 확 달아오름을 느꼈다. 갈림길에서 소녀는

"저, 오늘 아침에 우리 집에서 대추를 땄다. 낼 제사 지내려고……." 대추 한 줌을 내준다. 소년은 주춤한다.

"맛봐라. 우리 증조(曾祖)할아버지가 심었다는데, 아주 달다." 소년은 두 손을 오그려 내밀며,

"참, 알도 굵다!"

"그리고 저, 우리 이번에 제사 지내고 나서 좀 있다. 집을 내주게 됐다." 소년은 소녀네가 이사해 오기 전에 벌써 어른들의 이야기를 들어서, 윤 초시 손자(孫子)가 서울서 사업에 실패해 가지고 고향에 돌아오지 않을 수 없게 되었다는 걸 알고 있었다.

그것이 이번에는 고향집마저 남의 손에 넘기게 된 모양이었다.

"왜 그런지 난 이사 가는 게 싫어졌다. 어른들이 하는 일이니 어쩔 수 없지만……." 전에 없이, 소녀의 까만 눈에 쓸쓸한 빛이 떠돌았다.

소녀와 헤어져 돌아오는 길에, 소년은 혼잣속으로, 소녀가 이사를 간다는 말을 수없이 되뇌어 보았다.

무어 그리 안타까울 것도 서러울 것도 없었다. 그렇건만, 소년은 지금 자기가 씹고 있는 대추알의 단맛을 모르고 있었다.

이 날 밤, 소년은 몰래 덕쇠 할아버지네 호두밭으로 갔다.

낮에 봐 두었던 나무로 올라갔다. 그리고, 봐 두었던 가지를 향해 작대기를 내리쳤다. 호두송이 떨어지는 소리가 별나게 크게 들렸다. 가슴이 선뜩했다. 그러나 다음 순간, 굵은 호두야 많이 떨어져라,

많이 떨어져라, 저도 모를 힘에 이끌려 마구 작대기를 내리 치는 것이었다.

돌아오는 길에는 열 이틀 달이 지우는 그늘만 골라 디뎠다. 그늘의 고마움을 처음 느꼈다.

불룩한 주머니를 어루만졌다. 호두송이를 맨손으로 깠다가는 옴이 오르기 쉽다는 말 같은 건 아무렇지도 않았다. 그저 근동[12]에서 제일가는 이 덕쇠 할아버지네 호두를 어서 소녀에게 맛보여야 한다는 생각만이 앞섰다. 그러다, 아차 하는 생각이 들었다. 소녀더러 병이 좀 낫거들랑 이사 가기 전에 한 번 개울가로 나와 달라는 말을 못해 둔 것이었다. 바보 같은 것, 바보 같은 것.

이튿날, 소년이 학교에서 돌아오니, 아버지가 나들이옷으로 갈아입고 닭 한 마리를 안고 있었다. 어디 가시느냐고 물었다.

그 말에도 대꾸도 없이, 아버지는 안고 있는 닭의 무게를 겨냥해 보면서,

"이만하면 될까?"

어머니가 망태기를 내주며, "벌써 며칠째 '걀걀'하고 알 날 자리를 보던데요. 크진 않아도 살은 쪘을 거여요." 소년이 이번에는 어머니한테 아버지가 어디 가시느냐고 물어 보았다.

---

12 가까운 이웃 동네

"저, 서당골 윤 초시 댁에 가신다. 제삿상에라도 놓으시라고… ….""그럼, 큰 놈으로 하나 가져가지. 저 얼룩수탉으로…….." 이 말에, 아버지는 허허 웃고 나서,

"임마, 그래도 이게 실속13이 있다."

소년은 공연히 열적어14, 책보를 집어던지고는 외양간으로가, 쇠잔등을 한 번 철썩 갈겼다. 쇠파리라도 잡는 체.

개울물은 날로 여물어 갔다.

소년은 갈림길에서 아래쪽으로 가 보았다. 갈밭머리에서 바라보는 서당골 마을은 쪽빛 하늘 아래 한결 가까워 보였다.

어른들의 말이, 내일 소녀네가 양평읍으로 이사 간다는 것이었다. 거기 가서는 조그마한 가겟방을 보게 되리라는 것이었다.

소년은 저도 모르게 주머니 속 호두알을 만지작거리며, 한 손으로는 수없이 갈꽃을 휘어 꺾고 있었다.

그 날 밤, 소년은 자리에 누워서도 같은 생각뿐이었다. 내일 소녀네가 이사하는 걸 가보나 어쩌나. 가면 소녀를 보게 될까 어떨까. 그러다가 까무룩 잠이 들었는가 하는데,

"허, 참 세상일도……."

마을 갔던 아버지가 언제 돌아왔는지, "윤 초시 댁도 말이 아니야, 그 많던 전답을 다 팔아 버리고, 대대로 살아오던 집마저 남의 손에 넘기더니, 또 악상15까지 당하는 걸 보면……."

남폿불 밑에서 바느질감을 안고 있던 어머니가,

"증손(曾孫)이라곤 계집애 그 애 하나뿐이었지요?"

"그렇지, 사내 애 둘 있던 건 어려서 잃어버리고…….""어쩌면 그렇게 자식복이 없

---

13 실제의 속 내용
14 겸연쩍고 쑥스럽다
15 부모보다 앞서 자식이 먼저 죽는 일

을까."

"글쎄 말이지. 이번 앤 꽤 여러 날 앓는 걸 약도 변변히 못써 봤다더군. 지금 같아서 윤 초시네도 대가 끊긴 셈이지.……그런데 참, 이번 계집앤 어린 것이 여간 잔망[16]스럽지가 않아. 글쎄, 죽기 전에 이런 말을 했다지 않아?

자기가 죽거든 자기 입던 옷을 꼭 그대로 입혀서 묻어 달라고……."

---

16 잔망스럽다 : 얄밉도록 맹랑한 데가 있다

생각하기

1 이 소설의 주제는 무엇일까요?

2 소년이 주머니 속 조약돌을 만지작거리는 까닭은 무엇일까요?

3 소녀에 대한 소년의 애틋한 심정이 나타나 있는 부분을 찾아보세요.

4 소녀는 왜 자기 입던 옷을 꼭 그대로 입혀서 묻어 달라고 했을까요?

5 소설 "소나기"의 줄거리를 쓰세요.

6 김승옥

무진기행

김승옥(1941~). 소설가.

작가 소개	1962년 『한국일보』 신춘문예에 〈생명연습〉이 당선되어 문단에 등장.
작품 발표 연도	소설 〈무진기행〉은 『사상계』(1964)에 발표.
대표 작품	〈건乾〉, 〈환상수첩〉, 〈누이를 이해하기 위해서〉, 〈확인해본 열다섯 개의 고정관념〉, 〈역사 力士〉, 〈싸게 사들이기〉, 〈무진기행〉, 〈차나 한 잔〉, 〈서울 1964년 겨울〉, 〈다산성 多産性〉, 〈염소는 힘이 세다〉, 〈내가 훔친 여름〉
작품 경향	새로운 감수성으로 작품 속에서 나타나고 있는 다양한 상황을 탁월한 감각적인 언어로 표현하였다.

[주요 내용]

주인공 나는 아내의 권유로 2박3일의 여정으로 무진행 버스를 타고 고향으로 향했다. 무진은 내가 그리 행복하달 수 없는 어린 시절을 보낸 내 고향이다. 아침이면 맞이하게 되는 무진의 안개는 그 고향의 명물이라고 생각한다. 그리고 신선한 햇볕과 바람의 저온과 바다의 소금기를 합성해서 수면제를 만들겠다는 공상에 빠진다.

무진에 온 첫날, 나는 중학교 교사가 된 후배를 만난다. 그는, 제약회사 사장의 딸과 결혼하고 막 전무로 승진하게 된 나를 부러워하며, 이 고장 출신으로 출세한 사람으로 나와 동창인 조를 들었다. 조는 세무서장이 되었다고 한다. 나는 후배와 함께 조를 방문한다. 거기에서 동석했던 하인숙이란 음악선생을 소개받았고, 나는 이 여선생에게 이상하게 마음이 끌린다. 밤늦게 같이 돌아오는 길에서 여자는 서울에 가고 싶다고, 자기를 데려가 달라면서 매달린다. 헤어지면서 우리는 다음날 바닷가에서 만나기로 약속한다. 어머니 산소를 다녀오는 길에 방죽 밑에서 자살한 여자의 시체를 보며 이상한 정욕을 느낀다.

나는 어제의 약속대로 바닷가의 방죽으로 갔다. 거기에서 나는 인숙과 정사를 나눈다. 이모집에 왔더니 아내의 전보가 와 있었다.

나는 돌아서서 전보의 눈을 피하여 "… 사랑하고 있습니다. 왜냐하면 당신은 제 자신이기 때문에, 적어도 제가 어렴풋이나마 사랑하고 있는 옛날 저의 모습이기 때문입니다…." 이런 쪽지를 썼다가 찢어버린다. 그는 무진을 떠나며 버스 속에서 심한 부끄러움을 느낀다.

[작품]

버스가 산모퉁이를 돌아갈 때 나는 〈무진 Mujin 10km〉라는 이정비[1](里程碑)를 보았다. 그것은 옛날과 똑같은 모습으로 길가의 잡초 속에서 튀어나와 있었다. 내 뒷좌석에 앉아 있는 사람들 사이에서 다시 시작된 대화를 나는 들었다. "앞으로 십 킬로 남았군요." "예, 한 삼십 분 후에 도착할 겁니다." 그들은 농사 관계의 시찰원들인 듯했다. 아니 그렇지 않은지도 모른다. 그러나 하여튼 그들은 색 무늬 있는 반소매 셔츠를 입고 있었고 테토론[2]직(織)의 바지를 입었고 지나쳐오는 마을과 들과 산에서 아마 농사 관계의 전문가들이 아니면 할 수 없는 관찰을 했고 그것을 전문적인 용어로 얘기하고 있었다. 광주(光州)에서 기차를 내려서 버스로 갈아탄 이래, 나는 그들이 시골사람들답지 않게 얕은 목소리로 점잔을 빼면서 얘기하는 것을 반수면(半睡眠) 상태 속에서 듣고 있었다. 버스 안의 좌석들은 많이 비어 있었다. 그 시찰원들의 대화에 의하면 농번기이기 때문에 사람들이 여행을 할 틈이 없어서라는 것이었다. "무진(霧津)엔 명산물[3]이…… 뭐 별로 없지요?" 그들은 대화를 계속하고 있었다. "별게 없지요. 그러면서도 그렇게 많은 사람들이 살고 있다는 건 좀 이상스럽거든요." "바다가 가까이 있으니 항구로 발전할 수도 있었을 텐데요?" "가 보시면 아시겠지만 그럴 조건이 되어 있는 것도 아닙니다. 수심(水深)이 얕은데다가 그런 얕은 바다를 몇 백리나 밖으로 나가야만 비로소 수평선이 보이는 진짜 바다다운 바다가 나오는 곳이니까요." "그럼 역시 농촌이군요." "그렇지만 이렇다 할 평야가 있는

---

1 주로 도로상에서 일정한 지점까지의 방향이나 거리 등을 적어 세워 놓은 돌기둥
2 석유를 원료로 하여 만든 합성 섬유의 하나
3 어떤 지방의 생산물 중에서 이름이 널리 알려진 물건

것도 아닙니다." "그럼 그 오륙만이 되는 인구가 어떻게들 살아가나요?" "그러니까 그럭저럭이란 말이 있는 게 아닙니까?" 그들은 점잖게 소리내어 웃었다. "원, 아무리 그렇지만 한 고장에 명산물 하나쯤은 있어야지." 웃음 끝에 한 사람이 말하고 있었다.

무진에 명산물이 없는 게 아니다. 나는 그것이 무엇인지 알고 있다. 그것은 안개다. 아침에 잠자리에서 일어나서 밖으로 나오면, 밤 사이에 진주해 온 적군들처럼 안개가 무진을 뼁 둘러싸고 있는 것이었다. 무진을 둘러싸고 있던 산

들도 안개에 의하여 보이지 않는 먼 곳으로 유배[4]당해 버리고 없었다. 안개는 마치 이승에 한(恨)이 있어서 매일 밤 찾아오는 여귀[5](女鬼)가 뿜어내놓은 입김과 같았다. 해가 떠오르고, 바람이 바다 쪽에서 방향을 바꾸어 불어오기 전에는 사람들의 힘으로써는 그 헤쳐 버릴 수가 없었다. 손으로 잡을 수 없으면서도 그것은 뚜렷이 존재했고 사람들을 둘러쌌고 먼 곳에 있는 것으로부터 사람들을 떼어놓았다. 안개, 무진의 안개, 무진의 아침에 사람들이 만나는 안개, 사람들로 하여금 해를, 바람을 간절히 부르게 하는 무진의 안개, 그것이 무진의 명산물이 아닐 수 있을까!

버스의 덜커덩거림이 좀 덜해졌다. 버스의 덜커덩거림이 더하고 덜 하는 것을 나는 턱으로 느끼고 있었다. 나는 몸에서 힘을 빼고 있었으므로 버스가 자갈이 깔린 시골길을 달려오고 있는 동안 내 턱은 버스가 껑충거리는데 따라서 함께 덜그럭거리고 있었다. 턱이 덜그럭거릴 정도로 몸에서 힘을 빼고 버스를 타고 있으면, 긴장해서 버스를 타고 있을 때보다 피로가 더욱 심해진다는 것을 알고 있었지만 그러나 열려진

---

4 귀양살이를 하도록 보내어지다
5 여자 귀신

차창으로 들어와서 나의 밖으로 드러난 살갗을 사정없이 간지럽히고 불어가는 유월의 바람이 나를 반수면 상태로 끌어넣었기 때문에 나는 힘을 주고 있을 수가 없었다. 바람은 무수히 작은 입자⁶(粒子)로 되어 있고 그 입자들은 할 수 있는 한, 욕심껏 수면제를 품고 있는 것처럼 내게는 생각되었다. 그 바람 속에는, 신선한 햇볕과 아직 사람들의 땀에 밴 살갗을 스쳐보지 않았다는 천진스러운 저온(低溫), 그리고 지금 버스가 달리고 있는 길을 에워싸며 버스를 향하여 달려오고 있는 산줄기의 저편에 바다가 있다는 것을 알리는 소금기, 그런 것들이 이상스레 한데 어울리면서 녹아 있었다. 햇볕의 신선한 밝음과 살갗에 탄력을 주는 정도의 공기의 저온, 그리고 해풍(海風)에 섞여 있는 정도의 소금기, 이 세 가지만 합성해서 수면제를 만들어 낼 수 있다면 그것은 이 지상(地上)에 있는 모든 약방의 진열장 안에 있는 어떠한 약보다도 가장 상쾌한 약이 될 것이고 그리고 나는 이 세계에서 가장 돈 잘 버는 제약회사의 전무님이 될 것이다. 왜냐하면 사람들은 누구나 조용히 잠들고 싶어하고 조용히 잠든다는 것은 상쾌한 일이기 때문이다.

그런 생각을 하자 나는 쓴웃음이 나왔다. 동시에 무진이 가까웠다는 것이 더욱 실감되었다. 무진에 오기만 하면 내가 하는 생각이란 항상 그렇게 엉뚱한 공상⁷들이었고 뒤죽박죽이었던 것이다. 다른 어느 곳에서도 하지 않았던 엉뚱한 생각을, 나는 무진에서는 아무런 부끄럼 없이, 거침없이 해내곤 했었던 것이다. 아니 무진에서는 내가 무엇을 생각하고 어쩌고 하는 게 아니라 어떤 생각들이 나의 밖에서 제멋대로 이루어진 뒤 나의 머릿속으로 밀고 들어오는 듯했었다.

"당신 안색이 아주 나빠져서 큰일 났어요. 어머님의 산소에 다녀온다는 핑계를 대고 무진에 며칠 동안 계시다가 오세요. 주주총회에서의 일은 아버지하고 저하고 다 꾸며 놓을게요. 당신은 오랜만에 신선한 공기를 쐬고 그리고 돌아와보면 대회생제약회사의 전무님이 되어 있을 게 아니에요?"라고, 며칠 전날 밤, 아내가 나의 파자마

---

6 특정 물질을 구성하고 있는 매우 작은 물체
7 현실적이 아니거나 실현될 가망이 없는 것을 마음대로 상상함

깃을 손가락으로 만지작거리며 나에게 진심에서 나온 권유를 했을 때도, 가기 싫은 심부름을 억지로 갈 때 아이들이 불평을 하듯이 내가 몇 마디 입안엣 소리로 투덜댄 것도, 무진에서는 항상 자신을 상실하지 않을 수 없었던 과거의 경험에 의한 조건반사[8]였었다.

··· 생략 ···

조의 응접실에는 손님들이 네 사람 있었다. 나의 손을 아프도록 쥐고 흔들고 있는 조의 얼굴이 옛날보다 윤택해지고 살결도 많이 하얘진 것을 나는 보고 있었다. "어서 자리로 앉아라. 이거 원 누추해서⋯⋯ 빨리 마누랄 얻어야겠는데⋯⋯" 그러나 방은 결코 누추하지 않았다. "아니 아직 결혼 안했나?" 내가 물었다. "법률 책 좀 붙들고 앉아 있었더니 그렇게 돼 버렸어. 어서 앉아." 나는 먼저 온 손님들에게 소개되었다. 세 사람은 남자로서 세무서 직원들이었고 한 사람은 여자로서 나와 함께 온 박과 무언가 얘기를 주고받고 있었다. "어어, 밀담[9]들은 그만 하시고, 하(河)선생, 인사해요. 내 중학 동창인 윤희중이라는 친굽니다. 서울에 있는 큰 제약회사의 간사님이시고 이쪽은 우리 모교에 와 계시는 음악 선생님이시고. 하인숙씨라고, 작년에 서울에서 음악대학을 나오신 분이지." "아, 그러세요. 같은 학교에 계시는군요." 나는 박과 그 여선생을 번갈아 가리키며 여선생에게 말했다. "네." 여선생은 방긋 웃으며 대답했고 내 후배는 고개를 숙여버렸다. "고향이 무진이신가요?" "아녜요. 발령[10]이 이곳으로 났기 땜에 저 혼자 와 있는 거예요." 그 여자는 개성 있는 얼굴을 가지고 있었다. 윤곽은 갸름했고 눈이 컸고 얼굴색은 노리끼리했다. 전체로 보아서 병약한 느낌을 주고 있었지만 그러나 좀 높은 콧날과 두꺼운 입술이 병약하다는 인상을 버리도

---

[8] 환경에 적응하기 위하여 후천적으로 얻게 되는 반사
[9] 남몰래 비밀스레 이야기함
[10] 임명, 해임 등 직책이나 직위와 관련된 공식적인 명령을 내림

록 요구하고 있었다. 그리고 카랑카랑한 목소리가 코와 입이 주는 인상을 더욱 강하게 하고 있었다. "전공이 무엇이었던가요?" "성악 공부 좀 했어요." "그렇지만 하 선생님은 피아노도 아주 잘 치십니다." 박이 곁에서 조심스런 목소리로 끼어들었다. 조도 거들었다. "노래를 아주 잘 하시지. 소프라노가 굉장하시거든." "아, 소프라노를 맡으시는가요?" 내가 물었다. "네, 졸업 연주회 땐 〈나비부인〉 중에서 〈어떤 개인 날〉을 불렀어요." 그 여자는 졸업 연주회를 그리워하고 있는 듯한 음성으로 말했다.

방바닥에는 비단의 방석이 놓여 있고 그 위에는 화투짝이 흩어져 있었다. 무진(霧津)이다. 곧 입술을 태울 듯이 불타 들어가는 담배꽁초를 입에 물고 눈으로 들어오는 그 담배연기 때문에 눈물을 찔끔거리며 눈을 가늘게 뜨고, 이미 정오가 가까운 시각에야 잠자리에서 일어나서 그날의 허황한 운수를 점쳐 보던 화투짝이었다. 혹은, 자신을 팽개치듯이 기어들던 언젠가의 놀음판, 그 놀음판에서 나의 뜨거워져가는 머리와 떨리는 손가락만을 제외하곤 내 몸을 전연 느끼지 못하게 만들던 그 화투짝이었다. "화투가 있군, 화투가." 나는 한 장을 집어서 소리가 나게 내려치고 다시 그것을 집어서 내려치고 또 집어서 내려치고 하며 중얼거렸다. "우리 돈내기 한판 하실까요?" 세무서 직원 중의 하나가 내게 말했다. 나는 싫었다. "다음 기회에 하지요." 세무서 직원들은 싱글싱글 웃었다. 조가 안으로 들어갔다가 나왔다. 잠시 후에 술상이 나왔다.

"여기엔 얼마쯤 있게 되나?"

"일주일가량."

"청첩장 한 장 없이 결혼해버리는 법이 어디 있어? 하기야 청첩장을 보냈더라도 그땐 내가 세무서에서 주판알 튕기고 있을 때니까 별 수도 없었겠지만 말이다."

"난 그랬지만 청첩장 보내야 한다."

"염려 마라. 금년 안으로는 받아볼 수 있게 될 거다." 우리는 별로 거품이 일지 않는 맥주를 마셨다.

"제약회사라면 그게 약 만드는 데 아닙니까?"

"그렇죠."

"평생 병 걸릴 염려는 없겠습니다그려." 굉장히 우스운 익살을 부렸다는 듯이 직원들은 방바닥을 치며 오랫동안 웃었다.

"참 박군(朴君), 학생들한테서 인기가 대단하더구먼. 기껏 오 분쯤 걸어오면 될 거리에 살면서 나한테 왜 통 놀러오지 않았나?"

"늘 생각은 하고 있었습니다만……"

"저기 앉아 계시는 하 선생님한테서 자네 얘긴 늘 듣고 있었지. 자, 하 선생 맥주는 술도 아니니까 한잔 들어봐요. 평소엔 그렇지도 않던데 오늘 저녁엔 왜 이렇게 얌전을 피우실까?"

"네 네, 거기 놓으세요. 제가 마시겠어요."

"맥주는 좀 마셔 봤지요?"

"대학 다닐 때 친구들과 어울려서 방문을 안으로 잠가 놓고 소주도 마셔본걸요."

"이거 술꾼인 줄은 몰랐는데."

"마시고 싶어서 마신 게 아니라 시험 삼아서 맛 좀 본 거예요."

"그래서 맛이 어떻습디까?"

"모르겠어요. 술잔을 입에서 떼자마자 쿨쿨 자버렸으니까요." 사람들이 웃었다. 박만이 억지로 웃는 듯한 웃음이었다.

"내가 항상 생각하는 바지만, 하 선생님의 좋은 점을 바로 저기에 있거든. 될 수 있으면 얘기를 재미있게 하려고 한다는 점, 바로 그거야."

"일부러 재미있게 하려고 하는 게 아녜요. 대학 다닐 때의 말버릇이에요."

"아하, 그러고 보면 하 선생의 나쁜 점은 바로 저기 있어. 〈내가 대학 다닐 때〉라는 말을 빼 놓곤 얘기가 안됩니까? 나처럼 대학엔 문전에도 가보지 못한 사람은 서러워서 살겠어요?"

"죄송합니다."

"그럼 내게 사과하는 뜻에서 노래 한 곡 들려주시겠어요?"

"그거 좋습니다."

"좋지요."

"한번 들어봅시다." 사람들이 박수를 쳤다. 여선생은 머뭇거렸다.

"서울 손님도 오고 했으니까……. 그 지난번에 부르던 거 참 좋습디다." 조는 재촉했다.

"그럼 부릅니다." 여선생은 거의 무표정한 얼굴로 입을 조금만 달싹거리며 노래를 부르기 시작했다. 세무서 직원들이 손가락으로 술상을 두드리기 시작했다. 여선생은 〈목포의 눈물〉을 부르고 있었다. 〈어떤 개인 날〉과 〈목포의 눈물〉사이에는 얼마만큼의 유사성[11]이 있을까? 무엇이 저 아리아들로써 길들여진 성대에서 유행가를 나오게 하고 있을까? 그 여자가 부르는 〈목포의 눈물〉에는 작부(酌婦)들이 부르는 그것에서 들을 수 있는 것과 같은 꺾임이 없었고, 대체로 유행가를 살려주는 목소리의 갈라짐이 없었고, 흔히 유행가가 내용으로 하는 청승맞음[12]이 없었다. 그 여자의 〈목포의 눈물〉은 이미 유행가가 아니었다. 그렇다고 〈나비부인〉 중의 아리아[13]는 더욱 아니었다. 그것은 이전에는 없었던 어떤 새로운 양식의 노래였다. 그 양식은 유행가가 내용으로 하는 청승맞음과는 다른 좀 더 무자비한 청승맞음을 포함하고 있었고, 〈어떤 개인 날〉의 그 절규보다도 훨씬 높은 옥타브[14]의 절규를 포함하고 있었고, 그 양식에는 머리를 풀어헤친 광녀(狂女)의 냉소가 스며 있었고, 무엇보다도 시체가 썩어 가는 듯한 무진의 그 냄새가 스며 있었다.

… 생략 …

11 서로 비슷한 성질
12 궁상스럽고 처량함
13 오페라, 칸타타, 오라토리오에서, 기악 반주가 있는 독창곡
14 어떤 음에서 완전 8도의 간격을 가진 음정

우리가 바닷가에서 읍내로 돌아온 것은 저녁의 어둠이 밀려든 뒤였다. 읍내에 들어오기 조금 전에 우리는 방죽 위에서 키스를 했다.

"전 선생님께서 여기 계시는 일주일 동안만 멋있는 연애를 할 계획이니까 그렇게 알고 계세요." 헤어지면서 여자가 말했다.

"그렇지만 내 힘이 더 세니까 별 수 없이 내게 끌려서 서울까지 가게 될 걸." 내가 말했다. 집으로 돌아와서 나는 후배인 박이 낮에 다녀간 것을 알았다. 그는 내가 〈무진에 계시는 동안 심심하시지 않을까 하여 읽으시라〉고 책 세 권을 두고 갔다. 그가 저녁에 다시 오겠다고 하더라는 얘기를 이모가 내게 했다. 나는 피로를 핑계로 아무도 만나기 싫다는 뜻을 이모에게 알려 두었다.

이모는 내가 바닷가에서 아직 돌아오지 않았다고 대답하겠다고 말했다. 나는 아무것도 생각하고 싶지 않았다, 아무것도. 나는 이모에게 소주를 사오게 하여 취해서 잠이 들 때까지 마셨다. 새벽녘에 잠깐 잠이 깨었다. 나는 이유를 집어낼 수 없이 가슴이 두근거렸는데 그것은 불안이었다. '인숙이'하고 나는 중얼거려 보았다. 그리고 곧 다시 잠이 들어 버렸다.

당신은 무진을 떠나고 있습니다

나는 이모가 나를 흔들어 깨워서 눈을 떴다. 늦은 아침이었다. 이모는 전보 한 통을 내게 건네주었다. 엎드려 누운 채 나는 전보를 펴보았다. 〈27일 회의 참석 필요, 급상경 바람 영〉 〈27일〉은 모레였고 〈영〉은 아내였다. 나는 아프도록 쑤시는 이마를 베개에 대었다. 나는 숨을 거칠게 쉬고 있었다. 나는 내 호흡을 진정시키려고 했다. 아내의 전보가 무진에 와서 내가 한 모든 행동과 사고(思考)를 내게 점점 명료하게 드러내 보여주었다. 모든 것이 선입관[15] 때문이었다. 결국 아내의 전보는 그렇게 얘기하

---

15 어떤 사람이나 사물, 또는 주의나 주장에 대하여, 직접 경험하기 전에 이미 마음속에 형성된 고정 관념이나 견해

고 있었다. 나는 아니라고 고개를 저었다. 모든 것이, 흔히 여행자에게 주어지는 그 자유 때문이라고 아내의 전보는 말하고 있었다. 나는 아니라고 고개를 저었다. 모든 것이 세월에 의하여 내 마음속에서 잊혀질 수 있다고 전보는 말하고 있었다. 그러나 상처가 남는다고, 나는 고개를 저었다. 오랫동안 우리는 다투었다. 그래서 전보와 나는 타협안을 만들었다. 한번만, 마지막으로 한번만 이 무진을, 안개를, 외롭게 미쳐 가는 것을, 유행가를, 술집여자의 자살을, 배반을, 무책임을 긍정하기로 하자. 마지막으로 한번만이다. 꼭 한 번만, 그리고 나는 내게 주어진 한정된 책임 속에서만 살기로 약속한다. 전보여, 새끼손가락을 내밀어라. 나는 거기에 내 새끼손가락을 걸어서 약속한다. 우리는 약속했다.

　그러나 나는 돌아서서 전보의 눈을 피하여 편지를 썼다. '갑자기 떠나게 되었습니다. 찾아가서 말로써 오늘 제가 먼저 가는 것을 알리고 싶었습니다만 대화란 항상 의외의 방향으로 나가 버리기를 좋아하기 때문에 이렇게 글로써 알리는 것입니다. 간단히 쓰겠습니다. 사랑하고 있습니다. 왜냐하면 당신은 제 자신이기 때문에, 적어도 제가 어렴풋이나마 사랑하고 있는 옛날의 저의 모습이기 때문입니다. 저는 옛날의 저를 오늘의 저로 끌어놓기 위하여 있는 힘을 다할 작정입니다. 저를 믿어 주십시오. 그리고 서울에서 준비가 되는대로 소식 드리면 당신은 무진을 떠나서 제게 와 주십시오. 우리는 아마 행복할 수 있을 것입니다.' 쓰고 나서 나는 그 편지를 읽어봤다. 또 한 번 읽어봤다. 그리고 찢어 버렸다.

　덜컹거리며 달리는 버스 속에서 나는, 어디쯤에선가, 길가에 세워진 하얀 팻말을 보았다. 거기에는 선명한 검은 글씨로 〈당신은 무진읍을 떠나고 있습니다. 안녕히 가십시오〉 라고 씌어 있었다. 나는 심한 부끄러움을 느꼈다.

생각하기

1 이 소설의 주제는 무엇일까요?

_____
_____
_____

2 안개가 상징하는 것은 무엇일까요?

_____
_____
_____

3 주인공 내가 고향을 찾은 이유는 무엇일까요?

_____
_____
_____

4 주인공이 자신의 고향을 무진(霧津)이라고 명명한 까닭은 무엇일까요?

_____
_____
_____

김승옥 ___ 무진기행

생각하기

5 여러분들의 고향에 대한 느낌을 써 보세요.

6 소설 "무진기행"의 줄거리를 쓰세요.

4
한국 현대 수필

이양하 신록예찬
유안진 지란지교를 꿈꾸며
피천득 인연
이은희 무

1 이양하

신록예찬

이양하(1904-1963). 수필가. 영문학자.

작가 소개	대한민국의 영문학자이자 수필가.
작품 발표 연도	수필 〈신록예찬〉은 『이양하 수필집』(1947)에 수록.
대표 작품	〈신록예찬〉, 〈프루스트의 산문〉, 〈페이터의 산문〉, 〈지성과 가치〉, 〈돌과 영국 국민성〉
작품 경향	일반적으로 생활인의 철학과 사색이 담긴 수필을 썼으며, 〈신록예찬〉은 신록의 아름다움과 그 신록이 주는 인생의 의미를 성찰하고 있다.

[작품]

봄 여름 가을 겨울, 두루 사시를 두고, 자연이 우리에게 내리는 혜택에는 제한이 없다. 그러나 그 중에도 그 혜택을 풍성히 아낌없이 내리는 시절은 봄과 여름이요, 그 중에도 그 혜택을 가장 아름답게 내는 것은 봄, 봄 가운데도 만산[1]에 녹엽이 싹트는 이 때일 것이다. 눈을 들어 하늘을 우러러보고 먼 산을 바라보라. 어린애의 웃음 같이 깨끗하고  명랑한 오월의 하늘, 나날이 푸르러가는 이 산 저 산, 나날이 새로운 경이[2]를 가져오는 이 언덕 저 언덕, 그리고 하늘을 달리고 녹음[3]을 스쳐 오는 맑고 향기로운 바람 - 우리가 비록 빈한하여 가진 것이 없다 할지라도 우리는 이러한 때 모든 것을 가진 듯하고, 우리의 마음이 비록 가난하여 바라는 바, 기대하는 바가 없다 할지라도, 하늘을 달리어 녹음을 스쳐 오는 바람은 다음 순간에라도 곧 모든 것을 가져올 듯하지 아니한가?

오늘도 하늘은 더할 나위 없이 맑고, 우리 연전 이래를 덮은 신록은 어제보다도 한층 더 깨끗하고 신선하고 생기있는 듯하다. 나는 오늘도 나의 문법 시간이 끝나자, 큰 무거운 짐이나 벗어놓은 듯이 옷을 훌훌 털며, 본관 서쪽 숲 사이에 있는 나의 자리를 찾아 올라간다. 나의 자리래야 솔밭 사이에 있는 겨우 걸터앉을 만한 조그마한 소나무 그루터기에 지나지 않지마는, 오고가는 여러 동료가 나의 자리라고 명명하여

1 온 산에 가득함
2 놀라울 만큼 신기하고 진기함
3 잎이 푸르게 우거진 숲

이양하 ― 신록예찬

주고, 또 나 자신도 하루 동안에 가장 기쁜 시간을 이 자리에서 가질 수 있으므로, 시간의 여유 있는 때마다 나는 한 특권[4]이나 차지하듯이, 이 자리를 찾아 올라와 앉아 있기를 좋아한다.

　물론 나에게 멀리 군속[5]을 떠나 고고한 가운데 처하기를 원하는 선골[6]이 있다거나, 또는 나의 성미가 남달리 괴팍하여 사람을 싫어한다거나 하는 것은 아니다. 나는 역시 사람 사이에 처하기를 즐거워하고, 사람을 그리워하는 갑남을녀의 하나요, 또 사람이란 모든 결점이 있음에도 불구하고, 역시 가장 아름다운 존재의 하나라고 생각한다. 그리고 또, 사람으로서도 아름다운 사람이 되려면 반드시 사람 사이에 살고, 사람 사이에서 울고 웃고 부대껴야 한다고 생각한다. 그러나 이러한 때 – 푸른 하늘과 찬란한 태양이 있고, 황홀한 신록이 모든 산 모든 언덕을 덮은 이 때, 기쁨의 속삭임이 하늘과 땅, 나무와 나무, 풀잎과 풀잎 사이에 은밀히 수수되고, 그들의 기쁨의 노래가 금시라도 우렁차게 터져나와, 산과 들을 흔들 듯한 이러한 때를 당하면, 나는 곁에 비록 친한 동무가 있고, 그의 재미있는 이야기가 있다 할지라도, 이러한 자연에 곁눈을 팔지 않을 수 없으며, 그의 기쁨의 노래에 귀를 기울이지 아니할 수 없게 된다.

　그리고 또, 어떻게 생각하면 우리 사람이란 – 세속[7]에 얽매어, 머리 위에 푸른 하늘이 있는 것을 알지 못하고, 주머니의 돈을 세고, 지위를 생각하고, 명예를 생각하는 데 여념[8]이 없거나, 또는 오욕칠정[9]에 사로잡혀, 서로 미워하고 시기하고 질투하고 싸우는 데 마음에 영 일을 가지지 못하는 우리 사람이란, 어떻게 비소[10]하고 어떻게

4　어떤 신분이나 지위, 자격이 있는 사람만이 누리는 특별한 권리나 이익
5　많은 사람
6　신선의 골격이라는 뜻으로, 남달리 뛰어난 골격과 생김새를 이르는 말
7　보통 사람들이 사는 사회
8　어떤 일에 대하여 생각하고 있는 것 이외의 다른 생각
9　오욕 (五慾) : 다섯 가지 욕심(수면욕, 식욕, 색욕, 명예욕, 재물욕)
　 칠정 (七情) : 일곱 가지 감정(기쁨, 노여움, 슬픔, 즐거움, 사랑, 미움, 욕심)
10　빈정거리거나 업신여기는 태도로 웃음

저속한 것인지. 결국은 이 대자연의 거룩하고 아름답고 영광스러운 조화를 깨뜨리는 한 오점[11] 또는 한 잡음밖에 되어 보이지 아니하여, 될 수 있으면 이러한 때를 타서, 잠깐 동안이나마 사람을 떠나 사람의 일을 잊고, 풀과 나무와 하늘과 바람과 한가지로 숨 쉬고 느끼고 노래하고 싶은 마음을 억제 할 수가 없다.

   그리고 또, 사실 이즈음의 신록에는 우리 마음에 참다운 기쁨과 위안을 주는 이상한 힘이 있는 듯하다. 신록을 대하고 있으면, 신록은 먼저 나의 눈을 씻고, 나의 머리를 씻고, 나의 가슴을 씻고 다음에 나의 마음의 모든 구석구석을 하나하나 씻어 낸다. 그리고 나의 마음의 모든 티끌 - 나의 모든 욕망과 굴욕과 고통과 곤란이 하나하나 사라지는 다음 순간, 별과 바람과 하늘과 풀이 그의 기쁨과 노래를 가지고 나의 빈 머리에, 가슴에, 마음에 고이고이 들어앉는다. 말하자면, 나는 흉중에도 신록이요, 나의 안전에도 신록이다. 주객일체, 물심일여라 할까, 현요하다 할까, 무념무상, 무장무애, 이러한 때 나는 모든 것을 잊고, 모든 것을 가진 듯이 행복스럽고, 또 이러한 때 나에게는 아무런 감각의 혼란도 없고, 심정의 고갈도 없고, 다만 무한한 풍부의 유열[12]과 평화가 있을 따름이다. 그리고 또, 이러한 때에 비로소 나는 모든 오욕과 모든 우울에서 완전히 자유로울 수 있고, 나의 마음의 모든 상극[13]과 갈등을 극복하고 고양[14]하여, 조화 있고 질서 있는 세계에까지 높인 듯한 느낌을 가질 수 있다.

   그러기에, 초록에 한하여 나에게는 청탁[15]이 없다. 가장 연한 것에서 가장 짙은 것에 이르기까지 나는 모든 초록을 사랑한다. 그러나 초록에도 짧으나마 일생이 있다. 봄바람을 타고 새움과 어린잎이 돋아나올 때를 신록의 유년이라 한다면, 삼복[16]염천[17] 아래 울창한 잎으로 그늘을 짓는 때를 그의 장년 내지 노년이라 하겠다. 유년에는

---

11 불명예스러운 흠이나 결점
12 즐겁고 기쁨
13 두 사람 혹은 두 사물이 서로 화합하지 못하고 맞서거나 충돌함
14 의식, 감정, 분위기 따위를 한껏 북돋워서 높임
15 청하여 부탁함
16 일 년 중에서 여름철의 가장 더운 기간
17 몹시 더운 날씨

유년의 아름다움이 있고, 장년에는 장년의 아름다움이 있어, 취사하고 선택할 여지가 없지마는, 신록에 있어서도 가장 아름다운 것은 역시 이즈음과 같은 그의 청춘 시대 – 움 가운데 숨어 있던 잎의 하나하나가 모두 형태를 갖추어 완전한 잎이 되는 동시에, 처음 태양의 세례를 받아 청신[18]하고 발랄한 담록[19]을 띠는 시절이라 하겠다.

  이 시대는 신록에 있어서 불행히 짧다. 어떤 나무에 있어서는 2, 3주일을 셀 수 있으나, 어떤 나무에 있어서는 불과 3, 4일이 되지 못하여, 그의 가장 아름다운 시절은 지나가 버린다. 그러나 이 짧은 동안의 신록의 아름다움이야말로 참으로 비할 데가 없다. 초록이 비록 소박하고 겸허한 빛이라 할지라도, 이러한 때의 초록은 그의 아름다움에 있어 어떤 색채에도 뒤지지 아니할 것이다. 예컨대, 이러한 고귀한 순간의 단풍 또는 낙엽송을 보라. 그것이 드물다 하면, 이즈음의 도토리, 버들, 또는 심산에 있는 이름 없는 이 풀 저 풀을 보라. 그의 청신한 자색, 그의 보드라운 감촉, 그리고 그의 그윽하고 아담한 향훈[20], 참으로 놀랄 만한 자연의 극치의 하나가 아니며, 또 우리가 충심으로 찬미하고 감사를 드릴만한 자연의 아름다운 혜택의 하나가 아닌가?

---

18 맑은 첫 새벽
19 옅은 녹색
20 향기로운 냄새

생각하기

1 이 수필의 주제를 쓰세요.

2 자국의 날씨와 비교하여 좋은 점과 나쁜 점을 생각해 보세요.

좋은 점	
나쁜 점	

3 한국의 사계절과 자국의 계절에 대해 비교해 보세요.

이양하 ___ 신록예찬

2 유안진

지란지교를 꿈구며[1]

유안진(1941-). 시인. 수필가.

작가 소개	1965, 1966, 1967년 3회에 걸쳐 박목월 시인의 추천으로『현대문학』에 시 〈달〉·〈별〉·〈위로〉가 실리며 등단.
작품 발표 연도	수필집『지란지교(芝蘭之交)를 꿈꾸며』는 1986년에 발간.
대표 작품	『우리를 영원케 하는 것은』,『그리운 말 한마디』,『지란지교(芝蘭之交)를 꿈꾸며』,『한국여성 : 우리는 누구인가』
작품 경향	1998년 〈세한도 가는길〉로 제10회 정지용문학상, 2000년 〈봄비 한 주머니〉로 제35회 월탄문학상, 2009년 〈성병(聲病)에 걸리다〉로 제7회 유심작품상, 2009년 〈거짓말로 참말하기〉로 제4회 이형기문학상

---

[1] 지초와 난초의 사귐이라는 뜻으로, 벗 사이의 높고 맑은 사귐을 이르는 말

[작품]

저녁을 먹고 나면 허물없이 찾아가, 차 한잔을 마시고 싶다고 말할 수 있는 친구가 있었으면 좋겠다.

입은 옷을 갈아입지 않고 김치냄새가 좀 나더라도 흉보지 않을 친구가 우리집 가까이에 있었으면 좋겠다.

비오는 오후나 눈내리는 밤에 고무신을 끌고 찾아가도 좋을 친구, 밤 늦도록 공허한 마음도 마음 놓고 볼 수 있고, 악의 없이 남의 이야기를 주고 받고 나서도 말이 날까 걱정되지 않는 친구, 사람이 자기 아내나 남편, 제 형제나 제자식하고만 사랑을 나눈다면, 어찌 행복해질 수 있으랴.

영원이 없을수록 영원을 꿈꾸도록 서로 돕는 진실한 친구가 필요하리라, 그가 여성이어도 좋고 남성이어도 좋다. 나보다 나이가 많아도 좋고, 동갑이거나 적어도 좋다. 다만, 그의 인품이 맑은 강물처럼 조용하고 은근하며, 깊고 신선하며, 예술과 인생을 소중히 여길 만큼 성숙한 사람이면 된다. 그는 반드시 잘 생길 필요도 없고 수수하나, 멋을 알고 중후[1]한 몸가짐을 할 수 있으면 된다. 때로 약간의 변덕과 신경질을 부려도 그것이 애교로 통할 수 있을 정도면 괜찮고, 나의 변덕과 괜한 흥분에도 적절히 맞

---

1 태도 따위가 정중하고 무게가 있다

장구를 쳐주고 나서, 얼마의 시간이 흘러 내가 평온해지거든 부드럽고 세련된 표현으로 충고를 아끼지 않았으면 좋겠다. 나는 많은 사람을 사랑하고 싶진 않다. 많은 사람과 사귀기도 원치 않는다. 나의 일생에 한 두사람과 끊어지지 않는 아름답고 향기로운 인연으로 죽기까지 지속되길 바란다. 나는 여러 나라, 여러 곳을 여행하면서 끼니와 잠을 아껴 될수록 많은 것을 구경하였다. 그럼에도 지금은 그 많은 구경 중에 기막힌 감회로 남은 것은 거의 없다. 만약 내가 한두 곳, 한두 가지만 제대로 감상했더라면 두고두고 되새겨질 자신이 돼 있을 걸.

우정이라 하면, 사람들은 관포지교[2]를 말한다. 그러나, 나는 친구를 괴롭히고 싶지 않듯이 나 또한 끝없는 인내로 베풀기만 할 재간이 없다.

나는 도 닦으며 살기를 바라지 않고, 내 친구도 성현 같아지기를 바라진 않는다.

나는 될수록 정직하게 살고 싶고 내 친구도 재미나 위안을 위해서 그저 제 자리서 탄로 나는 약간의 거짓말을 바랄뿐이다.

나는 때로 맛있는 것을 내가 더 바라겠지만 금방 그 마음을 지울 줄도 알 것이다. 때로는 나는 얼음 풀리는 냇물이나 가을 갈대숲 기러기 울음을 친구보다 더 좋아할 수 있겠으나 결국은 우정을 제일로 여길 것이다. 우리는 흰눈 속 침대 같은 기상[3]을 지녔으나 들꽃처럼 나약할 수도 있고, 아첨 같은 양보는 싫지만 이따금 밑지며 사는 아량[4]도 갖기를 바란다.

우리는 명성[5]과 권세[6], 재력[7]을 중시하지도 부러워하지도 경멸하지도 않을 것이며 그보다는 자기답게 사는 게 더 매력을 느끼려 애쓸 것이다.

우리가 항상 지혜롭지 못하더라도 곤란을 벗어나려고 진실일지라도 타인을 팔지

---

2 옛날 중국(中國)의 관중(管仲)과 포숙(鮑叔)처럼 친구(親舊) 사이가 다정(多情)함을 이르는 말
3 사람이 타고난 기개나 마음씨
4 너그럽고 속이 깊은 마음씨
5 세상에 널리 퍼져 평판 높은 이름
6 권력과 세력을 아울러 이르는 말
7 재물의 힘. 또는 재산상의 능력

않을 것이다. 오해받더라도 묵묵할 수 있는 어리석음과 배짱을 지니기를 바란다.

우리의 외모가 아름답진 않다 해도, 우리의 향기만은 아름답게 지니리라. 우리는 시기함이 없이 남의 성공을 얘기하며 경쟁하지 않고 자기하고 싶은 일을 하되 미친 듯이 몰두하게 되기를 바란다. 우리는 우정과 애정을 소중히 여기되 목숨을 거는 만용은 피할 것이다.

나는 반달이를 닦다가 그를 생각할 것이며 화초에 물을 주다가, 안개 낀 아침 창문을 열다가, 가을하늘의 흰구름을 바라보다, 까닭없이 현기증을 느끼다가, 문득 그가 보고 싶어지며 그도 그럴 때 나를 찾을 것이다. 그는 때로 울고 싶어지기도 하겠고 내게도 울 수 있는 눈물과 추억이 있을 것이다. 우리에겐 다시 젊어질 수 있는 추억이 있으나 늙는 일에 초조하지 않을 웃음도 만들어 낼 것이다. 우리는 눈물을 사랑하되 헤프진 않게, 가지는 멋보다는 풍기는 멋을 사랑하며 냉면을 먹을 때는 농부처럼 먹을 줄 알며, 스테이크를 자를 때는 여왕처럼 품위 있게, 군밤을 아이처럼 까먹고 차를 마실 때는 백작부인보다 우아해지리라.

우리는 푼 돈을 벌기 위해 하기 싫은 일을 하지 않을 것이며, 천년을 늙어도 항상 가락을 지니는 오동나무처럼, 일생을 춥게 살아도 향기를 팔지 않는 매화처럼, 자유로운 제 모습을 잃지 않고 살기를 애쓰며 서로 격려하리라. 우리는 누구도 미워하지 않으며, 특별히 한두 사람을 사랑한다며 많은 사람을 싫어하지 않으리라. 우리가 멋진 글을 못 쓴다더라도 쓰는 일을 택한 것에 후회하지 않듯이 남의 약점도 안쓰럽게 여기리라.

내가 길을 가다 한 묶음 꽃을 사서 그에게 안겨져도 그는 날 주책이라고 나무라지 않으며, 건널목이 아닌 데로 찻길을 건너도 나의 교양을 비웃지 않을 게다. 나 또한 그의 눈에 눈꼽이 끼더라도 이 사이에 고춧가루가 끼었다 해도 그의 숙녀됨이나 그의 신사다움을 의심치 않으며 오히려 인간적인 유유함을 느끼게 될 것이다. 우리의 손이 비록 작고 여리나 서로 버티어주는 기둥이 될 것이며, 우리의 눈에 핏발이 서더라도 총기가 사라진 것은 아니며, 눈빛이 흐리고 시력이 어두어질수록 서로를 살펴

주는 불빛이 되리라. 그러다가 어느 날이 홀연이 오더라도 축복처럼, 웨딩드레스처럼 수의를 입게 되리라. 같은 날, 또 다른 날이라도 세월이 흐르거든 묻힌 자리에서 더 고운 품종의 지란[8]이 돋아 피어 맑고 높은 향기로 다시 만나지리라.

---

8 지초(芝草)와 난초(蘭草)를 아울러 이르는 말

생각하기

1 진정한 친구란 무엇이라고 생각하나요?

_____
_____
_____

2 우정과 사랑은 어떻게 다른가요?

사랑	
우정	

3 나에게도 이런 친구가 있나요? 있다면 어떤 친구인지 친구에 대하여 쓰고 이야기해 보세요.

_____
_____
_____
_____
_____
_____

3 피천득

인연

피천득(1910-2007). 수필가. 시인.
호는 금아(琴兒).

작가 소개	1930년 『신동아』에 시 〈서정소고〉와 1932년 『동광』에 〈소곡〉을 발표해 등단.
작품 발표 연도	수필 〈인연〉은 1996년 발표.
대표 작품	수필집 『금아문선』, 수필 〈인연〉.
작품 경향	참신하면서도 위트가 돋보이는 문장과 일상생활을 소재로 하여 서정의 세계를 보여주고 있다.

[작품]

지난 사월 춘천에 가려고 하다가 못 가고 말았다. 나는 성심여자 대학에 가보고 싶었다. 그 학교에 어느 가을 학기, 매주 한 번씩 출강한 일이 있다. 힘드는 출강을 한 학기 하게 된 것은, 주수녀님과 김수녀님이 내 집에 오신 것에 대한 예의도 있었지만 나에게는 사연이 있었다.

수십 년 전 내가 열일곱 되던 봄, 나는 처음 동경(東京)에 간 일이 있다. 어떤 분의 소개로 사회 교육가 미우라(三浦) 선생 댁에 유숙[1]을 하게 되었다. 시바꾸 시로가네(芝區白金)에 있는 그 집에는 주인 내외와 어린 딸 세 식구가 살고 있었다. 하녀도 서생[2]도 없었다. 눈이 예쁘고 웃는 얼굴을 하는 아사코(朝子)는 처음부터 나를 오빠 같이 따랐다. 아침에 낳았다고 아사코라는 이름을 지어 주었다고 하였다. 그 집 뜰에는 큰 나무들이 있었고 일년초 꽃도 많았다. 내가 간 이튿날 아침, 아사코는 '스위트피이'를 따다가 꽃병에 담아 내가 쓰게 된 책상 위에 놓아주었다. '스위트피이'는 아사코 같이 어리고 귀여운 꽃이라고 생각하였다.

성심(聖心) 여학원 소학교 일 학년인 아사코는 어느 토요일 오후 나와 같이 저희 학교까지 산보를 갔었다. 유치원부터 학부까지 있는 카톨릭 교육 기관으로 유명한 이 여학원은 시내에 있으면서 큰 목장까지 가지고 있었다. 아사코는 자기 신발장을 열고 교실에서 신는

---

1 여장을 풀고 묵다. 남의 집에서 묵음
2 남의 집에서 일을 해 주면서 공부하는 사람

하얀 운동화를 보여 주었다.

  내가 동경을 떠나던 날 아침, 아사코는 내 목을 안고 내 뺨에 입을 맞추고, 제가 쓰던 작은 손수건과 제가 끼던 작은 반지를 이별의 선물로 주었다. 옆에서 보고 있던 선생 부인은 웃으면서 "한 십년 지나면 좋은 상대가 될 거예요"하였다. 나는 얼굴이 뜨거워지는 것을 느꼈다. 나는 아사코에게 안델센의 동화책을 주었다.

  그 후 십 년이 지나고 삼사 년이 더 지났다. 그 동안 나는 국민학교 일 학년 같은 예쁜 여자아이를 보면 아사코 생각을 하였다. 내가 두 번째 동경에 갔던 것도 사월이었다. 동경역 가까운데 여관을 정하고 즉시 미우라 선생 댁을 찾아갔다. 아사코는 어느덧 청순하고 세련되어 보이는 영양[3](令孃)이 되어 있었다. 그 집 마당에 피어 있는 목련꽃과 같이. 그때 그는 성심 여학교 영문과 삼학년이었다. 나는 좀 서먹서먹했으나, 아사코는 나와의 재회를 기뻐하는 것 같았다. 아버지, 어머니가 가끔 내 말을 해서 나의 존재를 기억하고 있었나 보다.

  그 날도 토요일이었다. 저녁 먹기 전에 같이 산책을 나갔다. 그리고 계획하지 않은 발걸음은 성심여학원 쪽으로 옮겨졌다. 캠퍼스를 두루 거닐다가 돌아올 무렵, 나는 아사코 신발장은 어디 있느냐고 물어 보았다. 그는 무슨 말인가 하고 나를 쳐다보다가, 교실에는 구두를 벗지 않고 그냥 들어간다고 하였다. 그리고는 갑자기 뛰어가서 그 날 잊어버리고 교실에 두고 온 우산을 가지고 왔다. 지금도 나는 여자 우산을 볼 때면 연두색이 고왔던 그 우산을 연상한다. 〈쉘부르의 우산〉이라는 영화를 내가 그렇게 좋아한 것도 아사꼬의 우산 때문인가 한다. 아사꼬와 나는 밤늦게까지 문학 이

---

3 남의 딸을 높여 이르는 말

야기를 가벼운 악수를 하고 헤어졌다. 새로 출판된 버지니아 울프의 소설 〈세월〉에 대해서도 이야기한 것 같다.

그 후 또 십여 년이 지났다. 그 동안 제2차 세계 대전이 있었고 우리 나라가 해방이 되고 또 한국 전쟁이 있었다. 나는 어쩌다 아사코 생각을 하곤 했다. 결혼은 하였을 것이요, 전쟁통에 어찌 되지나 않았나, 남편이 전사하지나 않았나 하고 별별 생각을 다 하였다. 1954년 처음 미국 가던 길에 나는 동경에 들러 미우라 선생 댁을 찾아갔다. 뜻밖에 그 동네가 고스란히 그대로 남아 있었다. 그리고 미우라 선생네는 아직도 그 집에 살고 있었다. 선생 내외분은 흥분된 얼굴로 나를 맞이하였다. 그리고 아사코는 전쟁이 끝난 후 맥아더 사령부에서 번역 일을 하고 있다가, 거기서 만난 일본인 2세(二世)와 결혼을 하고 따로 나서 산다는 것이었다. 아사코가 전쟁 미망인이 되지 않은 것이 다행이었다. 그러나 2세(二世)와 결혼하였다는 것은 마음에 걸렸다.

만나고 싶다고 그랬더니 어머니가 아사코의 집으로 안내해 주었다. 뾰족 지붕에 뾰족 창문들이 있는 작은 집이었다. 이십여 년전 내가 아사코에게 준 동화책 겉장에 있는 집도 이런 집이었다. "아, 이쁜 집! 우리 이담에 이런 집에서 같이 살아요." 아사코의 어린 목소리가 지금도 들린다.

십 년쯤 미리 전쟁이 나고 그만큼 일찍 한국이 독립되었더라면 아사코의 말대로 우리는 같은 집에서 살 수 있게 되었을지도 모른다. 뾰족 지붕에 뾰족 창문들이 있는 집이 아니라도 이런 부질없는 생각이 스치고 지나갔다.

그 집에 들어서자 마주친 것은 백합같이 시들어 가는 아사코의 얼굴이었다. 〈세월〉이란 소설 이야기를 한 지 십 년이 더 지났었다. 그러나 그는 아직 싱싱하여야 할 젊은 나이다. 남편은 내가 상상한 것과 같이 일본 사람도 아니고, 미국 사람도 아닌, 그리고 진주군(進駐軍) 장교라는 것을 뽐내는 것 같은 사나이였다. 아사코와 나는 절을 몇 번씩하고 악수도 없이 헤어졌다.

그리워하는 데도 한 번 만나고는 못 만나게 되기도 하고, 일생을 못 잊으면서도 아니 만나고 살기도 한다. 아사코와 나는 세 번 만났다. 세 번째는 아니 만났어야 좋았을 것이다.

오는 주말에는 춘천에 갔다 오려 한다. 소양강 가을경치가 아름다울 것이다.

생각하기

1 왜 '세 번째는 아니 만났어야 좋았을 것이다.'라고 했을까요?

2 나에게 가장 특별한 '인연'은 무엇인지 써 보세요.

4 이은희

무

이은희(1968~). 수필가.

작가 소개	2004년 『월간문학』으로 등단.
작품 발표 연도	수필 〈무〉는 2013년 제8회 충북여성문학상 수상 작품
대표 작품	『검댕이』, 『망새』, 『버선코』, 『생각이 돌다』
작품 경향	2004년 제7회 동서커피문학상 대상, 2007년 제13회 제물포수필문학상, 2010년 제17회 충북수필문학상, 2012년 제17회 신곡문학상 본상

[작품]

역시나 녀석을 찾고자 뒤적인다. 나는 생선 조림을 먹을 때면 으레 녀석을 제일 먼저 찾는다. 날것의 싱싱함을 찾아볼 순 없지만, 그의 남다른 맛을 나의 혀는 여전히 기억한다. 누군가는 씹는 맛도 없는데 무에 그리 좋아 찾느냐고 말할지도 모르리라. 그것은 무의 맛을 진정 모르는 사람의 소리이다.

무란 녀석은 한마디로 자신밖에 모르는 이기주의자다. 결론부터 말하자면, 언제 어디서든 남의 것을 제 것인 양 전부를 가져가기 때문이다. 그리고 어떤 대상을 만나느냐에 따라 그의 맛도 확연히 달라진다.

생선 조림의 무는 생선의 자양분과 바다의 향기를 그대로 끌어안아 짭짤한 맛으로 변신한다. 또 김장 김치의 속에 박은 무는 어떠한가. 결이 삭은 무의 맛은 시원하고 새큼달큼하다. 무를 직접 먹어봐야 알지, 어찌 그 맛을 문자로 형용할 수 있으랴. 어디 그뿐이랴. 겨울날 살얼음이 동동 뜬 동치미 속 납작하게 썬 무는 곰삭은[1] 고추의 맛을 더하여 깨끗하다. 참으로 무는 변신의 귀재[2]이다.

무를 예찬하고자 운을 뗀 것이 아니다. 남의 자양

1 오래되어 푹 삭은
2 세상에 드물게 뛰어난 재능

분을 자신의 것인 양 뽐내는 녀석의 이기심을 알리고 싶어서다. 무의 생장기를 살펴봐도 자신밖에 모르는 녀석임을 알 수 있다. 밭의 두둑을 차지하고 자라면서 푸른 얼굴을 세상에 내밀어 자신의 굵기를 자랑한다. 농부는 그 녀석이 잘 자라도록 가으내 거름을 주며 떡잎과 겉잎을 따주며 정성을 다한다. 마침내 햇볕을 가려주던 싱싱한 푸른 잎은 단칼에 제거되고 뿌리인 무가 인간의 손안에 들지 않던가.

어찌 보면 무는 인간 세상에 자식의 모습과 비슷하지 않나 싶다. 나 또한 맏이로 태어나 땅에 닿을세라, 젖은 자리에 누울세라 애지중지 부모님의 품 안에서 고생을 모르고 자랐다. 당신의 육신이 망가져도 아랑곳하지 않으며 자식을 돌보는 것이 부모가 아니던가. 그런 부모님의 모습은 무가 자라던 밭이며, 푸른 잎과 같다. 자식의 걱정은 결혼해서도 끝이 나지를 않는다. 혹여 당신처럼 딸만 낳을까봐 정화수[3]를 떠놓고 비손하는 모습을 자주 보았지 않던가. 그렇게 부모의 끝없는 관심과 사랑으로 자식은 성장한다.

그러나 자식은 그 과정을 알지 못한다. 아니 모른척하는지도 모른다. 무가 식탁에 올라 인간의 뱃속으로 들어갈 때까지 녀석은 분명히 자아도취[4] 상태였으리라. 남의 자양분을 빼앗아 지금의 자리를 차지했건만, 혼자 잘난 양 우쭐대다 인분[5]이 되어 자연으로 돌아가야만 알겠는가. 자식 또한 마찬가지리라. 자신이 누구의 음덕[6]으로 여기까지 왔는지 돌아볼 일이다.

---

3 이른 새벽에 길은 우물물
4 자기 자신에게 마음이 쏠려 빠져드는 일
5 사람의 똥
6 조상의 덕

얼마 전 신문에서 부모님을 모시길 꺼린다는 언짢은 기사를 보았다. 부모 봉양하기를 십이 년 새에 54%가 줄었다고 한다. 자식 봉양을 받지 못하는 홀로 사는 노인의 삶은 빈곤의 나락으로 빠져들고 있단다. 이 땅에 부모 없이 태어난 자식은 어디에도 없잖은가. 시쳇말[7]로 '세상이 거꾸로 돌아간다.'라는 말이 맞는 것일 성싶다. 무가 아무리 잘났어도 '무' 일 뿐이다. 세상이 바뀌었다고 해도, 자식이 아무리 지위와 명성이 높다 해도, 혼자 태어나 장성할 순 없지 않은가.

이에 맞닿아 지인에게서 들은 서글픈 이야기가 떠오른다. 명성 높은 분의 어머님이 중병에 걸려 투병 중이란다. 그런데 잘난 아들은 업무가 바빠서 병원에 한 달에 한 번도 얼굴을 내밀지 않는다고 한다. 아들은 두어 달에 한 번 얼굴 보이는 것이 무에 자랑이라고 여기저기 말하여 내 귀에까지 들리게 하는가. 자식을 그리워하며 홀로 투병할 그분의 어머님을 생각하니 이 땅에 자식으로서 고개가 절로 숙여진다.

무가 싫다는 소리가 아니다. 어머니가 없는 틈을 타 부엌에 들어가 간이 짭짤하게 밴 무를 달게 먹었던 기억이 떠올라서다. 시간이 꽤 흘렀건만, 무에 얽힌 나의 유년 시절 기억이 잊히지 않는다. 어머니는 무를 넣은 고등어조림을 만들어 아버지의 밥상에 자주 올렸다. 요리할 때 눈도장만 찍었지 생선에는 감히 젓가락을 댈 수가 없었다. 세월이 흘러도 난 그 빚을 갚으려고 무만 찾는지도 모른다.

나를 식물에 비유한다면, 아마도 무와 닮았으리라. 무가 이기적이라고 했지만, 그 이기심이 내 모습과 닮아 있어 싫어할 수가 없다. 그렇다고 음식의 맛을 맛깔나게 돋우는 무처럼 잘나지도 못하다. 그러나 인간이 무와 다른 점인 행위를 선택할 수 있다는 걸 알고 있다. 현재의 삶은 자신이 매순간 행한 선택의 결과이다. 내가 부모님께 알게 모르게 저지른 행위나, 많은 사람이 부모 봉양을 꺼리는 일 또한 당신의 선택에 달린 것이다.

법정의 "과거도 없다. 미래도 없다. 항상 현재일 뿐이다."라는 문장은 지금 이 자

---

7   그 시대에 널리 유행하는 말

리, 현재의 삶이 중요하다는 것을 강조한다. 과거를 지울 순 없다. 그러나 앞으로 똑같은 실수를 범하지 않으며, 또 다른 과거에 후회를 줄이는 일이다. 그러기에 무에게 바치는 나의 애증[8]은 지속되리라.

---

8 사랑과 미움

생각하기

1 무와 자식은 어떤 공통점이 있을까요?

2 무를 왜 이기적이라고 했나요?

3 무를 '변신의 귀재'라고 한 까닭은 무엇인가요?

이은희 ___ 무